위버멘쉬
Übermensch

———————

위버멘쉬란,
세상이 정해놓은 기준을 스스로 뛰어넘고,
주어진 모든 고통과 상황을 의지로 극복하면서
'지금의 나'를 넘어서는 최고의 자신을 꿈꾸는 존재다.
그는 낡은 도덕과 관습을 그대로 따르지 않는다.
대신, 새로운 가치를 창조하고
자신만의 법칙을 세워 삶을 주도한다.
어떤 고난에 부딪쳐도,
스스로를 끊임없이 재창조하면서
모든 한계를 과감히 뚫고 나아간다.
자신만의 방식으로 더 높은 곳을 향해
멈추지 않고 도전하는 이.
그가 바로 위버멘쉬다.

Übermensch

누구의 시선도 아닌,
내 의지대로 살겠다는 선언

위버멘쉬

프리드리히 니체 지음 | 어나니머스 옮김

떠오름

니체의 『위버멘쉬』를 작업한 어나니머스입니다.

제 이름 대신 익명의 얼굴로 인사드리는 이유는 단 하나, 오직 니체의 사상에 온전히 집중하여 읽고 느끼실 수 있기를 바라서입니다. 저 역시 수많은 순간 흔들리고 다시 일어나기를 반복해 왔습니다. 그래서 이 책이, 독자 여러분이 스스로를 돌아보고 한 걸음 더 나아가는 데 작은 계기가 되기를 바랍니다.

이 책은 니체가 1878년에 출간한 원전 『인간적인, 너무나 인간적인(Human, All Too Human)』을 기반으로 작업했습니다. 원전에 담긴 종교적 · 형이상학적 색채나 난해한 표현은 최대한 덜어내고, 현대인의 삶에 적용할 수 있는 통찰을 중심으로 풀어냈습니다. 또한, 니체 특유의 날카롭고 직설적인 어조는 살리되, 불필요하게 거칠지 않도록 다듬어 누구나 부담 없이 읽을 수 있도록 했습니다.

여기에 더해, 니체의 사상을 현대적으로 재해석하고 실천적인 조언을 추가하여, 단순한 번역이 아닌 새로운 글로 구성했습니다. 원전을 그대로 옮기는 것에서 그치지 않고, 오늘날 우리가 겪는 고민과 맞닿을 수 있도록 보다 직접적인 메시지를 담았습니다.

니체는 철저히 자기 힘으로 삶을 개척하는 법을 강조했습니다. 이 책 역시 그러한 정신을 반영해 실천 가능한 조언과 질문을 곳곳에 배치했습니다. 단순한 개념 설명이 아니라, 우리가 매일 맞닥뜨리는 삶의 선택, 관계 속에서의 갈등, 사회적 기준에 대한 의문을 니체의 시선으로 풀어보며, 이를 어떻게 자기 삶에 적용할 것인지 고민할 수 있도록 서술했습니다.

니체의 본래 메시지는 그대로 살리면서도, 누구나 직관적으로 이해하고 자신의 방식으로 실천할 수 있도록 풀어냈습니다. 단순히 흘려보내는 글이 아니라, 나에게 어떤 변화를 가져올 수 있을지 스스로 질문해 보며 읽어주시길 바랍니다.

Part 1. "나를 죽이지 못하는 고통은 나를 더 강하게 만든다"

먼저, 첫 번째 파트에서는 고독과 시련을 마주하는 태도를 다룹니다. 우리는 살아가며 수도 없이 무너지고 흔들립니다. 하지만 니체는 "진정으로 나를 파괴하지 못한 고통은 결국은 더 큰 힘으로 돌아온다"고 말합니다.

"왜 이런 아픔이 내게 찾아왔을까?"라는 질문에서 한 걸음 더 나아가, "이 시련이 내 안에 숨겨진 힘을 끌어내는 계기가 될 수도 있지 않을까?"라고 생각해 보는 것. 바로 이것이 Part 1에서 다루는 핵심입니다.

여기서는 자기 극복을 중심으로, 실패와 좌절이 어떻게 우리를 더 단단하게 만드는지 살펴봅니다. 니체는 단순히 '극복하라'는 강요를 하지 않습니다. 대신, 고통을 정면으로 바라보며 그런 순간마다 어떤 태도를 가져야 하는지를 고민하게 만듭니다.

Part 2. "당신이 만나는 모든 얼굴이 당신을 만든다"

인간관계와 감정을 다루는 이 장에서는, 우리가 사람들과의 관계 속에서 얻는 기쁨과 동시에 겪게 되는 상처에 대해 이야기합니다. 니체는 인간이 사회적 존재임을 부정하지 않습니다. 관계가 때로는 우리를 지치게 만들기도 하지만, 그 과정에서 오히려 자신이 가진 가치를 다시 발견하는 기회가 될 수도 있음을 강조합니다.

사랑, 분노, 복수심, 연민처럼 우리가 자주 마주하는 감정을 니체의 시선으로 다시 바라보며, '결국 내 감정과 행동의 주인은 나 자신'이라는 사실을 자각하는 것이 이 장의 핵심입니다.

예를 들어, 분노는 위험하고 파괴적인 감정으로 보이지만, 때로는 스스로의 한계를 깨뜨리는 강한 원동력이 되기도 합니다. 반면, 공감은 상대를 이해하는 중요한 능력이지만, 지나치게 몰입하면 오히려 내 삶의 중심을 잃게 만들 수도 있습니다.

니체는 감정을 단순히 선과 악, 옳고 그름의 문제로 나누지 않았습니다. 감정은 그 자체로 나쁜 것도, 좋은 것도 아닙니다. 중요한 것은 그것을 어떻게 바라보고 다루느냐입니다. 관계 속에서 나를 잃지 않는 법, 타인의 기대가 아니라 내 기준에 따라 살아가는 법을 고민하고 있다면, 이 장에서 그 해답을 찾을 수 있을 것입니다.

Part 3. "그대의 시선이 삶의 크기를 정한다"

마지막으로, 개인과 타인을 넘어 세상을 바라보는 시야를 확장해 보자는 제안을 담았습니다. 우리는 도덕, 법, 관습, 선과 악 같은 것들을 마치 변하지 않는 진리처럼 받아들이곤 합니다. 하지만 니체는 끊임없이 질문을 던집니다.

"정말 그것이 절대적인 진실인가?"

"우리가 당연하다고 믿는 것들이, 사실은 시대와 환경이 만들어낸 규칙에 불과한 것은 아닐까?"

이 질문들은 결국 우리가 세상을 더 유연한 시선으로 바라볼 수 있도록 합니다.

Part 3에서 강조하는 "내 시선이 곧 삶의 크기를 결정한다"는 메시지는, 스스로 가능성의 한계를 정하지 말라는 뜻이기도 합니다. 사회가 정해놓은 '정답'만을 따를 것인가, 아니면 나만의 시선으로 새롭게 해석할 것인가? 세상을 바라보는 방식이 달라지는 순간, 삶의 방향도 완전히 달라질 수 있습니다.

니체의 사상은 흔히 강하고 날카롭고, 때론 가혹하게 느껴지기도 합니다. 하지만 그의 메시지를 깊이 들여다보면, 그 모든 독설과 도전은 결국 인간이 더 자유로워지고, 더 멀리 나아가길 바라는 강렬한 열망에서 비롯되었음을 알게 됩니다.

"절망과 한계를 어떻게 뛰어넘을 것인가?"라는 질문 앞에서, 니체는 결코 쉽고 달콤한 위로를 건네지 않습니다. 대신 "네 안에 있는 힘을 직접 발견하고, 그 길을 열어 보라"고 말합니다. 그리고 그 길은 언제나 고독과 시련 속에 숨겨져 있습니다.

부디 니체의 『위버멘쉬』가 여러분의 삶에 작은 불씨가 되길 바랍니다. 인생이 롤러코스터처럼 요동칠 때조차, "나를 죽이지 못하는 시련은 결국 나를 더 강하게 만든다"는 믿음으로 다시 일어설 수 있는 힘을 발견하시길 바랍니다.

눈앞에 펼쳐진 고통과 상황은 모두 다를 것입니다. 하지만 반드시 길이 있다고 믿으세요. 넘어서는 순간, 원하는 것을 온전히 손에 쥘 수 있는 자신이 되어 있을 것입니다. 무엇보다 스스로를 더욱 사랑할 수 있는 사람이 되길 바랍니다. 삶이 주는 모든 경험을 내 편으로 만들고, 어떤 어려움 속에서도 흔들리지 않는 자신을 발견하는 여정이 되길 바랍니다.

이 책이 그 길을 향해 나아갈 용기와 단단한 마음을 전해주기를 바랍니다.

어나니머스 드림

(Part 2
**당신이 만나는 모든 얼굴이
당신을 만든다**
인간관계와 감정 조절에 관한 31가지 방법)

Part 3

그대의 시선이
삶의 크기를 정한다

세상을 바라보는 39가지 시각

Part 1

나를 죽이지 못하는 고통은
나를 더 강하게 만든다

자기 극복과 성장에 관한
43가지 삶의 태도

자신만의
길을 찾아라

우리는 모두 의심 속에서 살아간다. 나 역시 마찬가지였다. 세상을 끊임없이 의심하고, 질문하며 걸어왔다. 그 과정에서 고독과 고통을 마주했지만, 그 안에서 중요한 사실을 배웠다. 바로 정해진 답이 없다면, 내가 직접 만들어내면 된다는 것. 세상이 내놓은 확실한 답이 없다면, 결국 당신이 그 답을 만들어가야 한다. 그것이 진정한 자유다.

두려워하지 마라. 당신만의 진실을 상상하고, 그 진실을 직접 창조하라. 그리고 기억해라. 세상이 아무리 당신을 짓누르려 해도, 완전히 무너뜨리지는 못한다. 이 믿음은 당신을 조금 더 강하게 만들어줄 것이다.

때로는 인생을 너무 어렵게 생각하지 마라. 삶은 원래 예측 불가능한 것이다. 기쁨은 사소한 순간에서 찾아오기도 하지만, 진정한 가치는 혼란 속에서 길을 찾는 과정에 있다. 따스한 햇살, 한 입 베어 문 음식, 터지는 웃음. 이런 것들은 잠깐의 선물에 불과하다. 그러나 그것만으로 충분할까? 우리는 그 이상의 것을 탐험해야 한다.

고통조차도 삶의 일부로 받아들이는 법을 배워야 한다. 그럴 때 비로소 인생은 진짜로 가치 있어진다. 물론, 누군가는 도덕성을 부정하고 익숙한 사고방식을 뒤흔든다며 비판할 수도 있다.

그래도 괜찮다. 삶이 반드시 도덕적이어야만 한다고는 믿지 않는다. 때로는 예상치 못한 선택들이 우리를 시험한다. 그 덕분에 인생은 훨씬 흥미롭고 다채로워진다.

그러니 스스로에게 다짐하라. 남들이 정해놓은 길이 아니라, 내가 직접 만든 길을 찾아 걷겠다고.

당신 안의
가능성을 깨워라

어느 날 꿈을 꾸었다. 어둠 속에서 작은 불빛처럼 반짝이는 존재들을 만났다. 내가 말을 걸면 따뜻하게 대답해주고, 내가 웃으면 함께 웃어주었다. 지칠 때는 조용히 사라져 나를 배려해주기도 했다.

하지만 꿈에서 깨어나자마자 깨달았다. 그들은 실재하는 이들이 아니었다. 내 상상 속에서 태어난 존재였을 뿐이다. 중요한 건 그들이 아니라, 그들을 만들어낸 '나의 의지'라는 사실이다. 상상 속 존재를 의지하기보다, 내가 직접 빛이 될 수 있다는 걸 알아야 한다.

상상의 친구들이 나를 지켜주길 바라지 마라. 그들에게 기대기보다는, 당신 스스로 당신을 보호할 사람이 되어야 한다. 진정 강한 사람은 위로를 기다리지 않는다. 자기 자신이 스스로의 위로가 될 수 있는 사람이다.

보이지 않는 무언가에 의존하지 마라. 대신 당신의 손과 발, 그리고 정신으로 새로운 길을 열어라. 진정한 힘은 머릿속 공상에서만 나오는 것이 아니다. 몸을 움직여 현실을 돌파할 수 있는 자만이 그 힘을 손에 넣을 수 있다.

그러니 바로 지금, 당신만의 길을 만들어라. 현실의 한계에 갇히지 말고, 있는 그대로의 자신을 받아들이면서 전진해라. 완벽할 필요는 없다. 하지만 반드시 움직여야 한다.

두려운가? 오히려 잘된 일이다. 두려움은 아직 끝나지 않았다는 증거다. 그러니 도망치지 말고 맞서라.

내가 이 글을 쓰는 이유는 단 하나다. 당신은 이미 충분히 강하다는 것을 깨닫게 해주기 위해서이다. 그러나 그것을 깨우지 못하면, 당신 안의 가능성은 그저 죽은 꿈으로 남을 뿐이다.

그러니 스스로를 깨워라. 당신의 미래는 이미 당신 손안에 쥐어져 있다.

질문하는 자만이
자유로워진다

살다 보면 인생에 커다란 변화가 찾아오는 순간이 누구에게나 한 번쯤은 온다. 그동안 믿어왔던 것들이 무너지고, 가슴 깊은 곳에서 진짜 자유가 느껴지는 순간 말이다.

그러나 그때가 오기 전까지는 답답하고, 어디서부터 벗어나야 할지 몰라 제자리만 맴도는 기분에 사로잡힌다. 왜 이렇게 옭아매는지, 무엇이 나를 붙들고 있는지 알고 싶어진다.

그 이유는 단순하다. 바로 반드시 해야 한다고 강요하는 보이지 않는 규칙들이다. 어릴 적부터 배워온 가치관, 가족과 사회가 요구하는 책임감, 전통과 의무라는 이름으로 짊어진 짐들. 한때는 소중하다고 느꼈던 것들이 어느 순간 내발목을 잡는 족쇄로 변해버린다.

하지만 해방은 예고 없이 찾아온다. 맑던 하늘에 갑자기 소나기가 쏟아지듯, 익숙했던 모든 것이 한순간에 흔들린다. 더 이상 '의무감'이라는 말로 숨을 곳이 없다.

그제야 문득 차라리 여기서 벗어나 다른 곳으로 가겠다는 생각이 스친다.

그런데 그 '여기'가 어디인지 아는가? 바로 당신이 한때 사랑하고 의지했던 모든 것이다. 안전하다고 믿었던 것들이 어느새 벽이 되어버린다. 익숙함이 주던 안도감이 두려움과 반감으로 바뀌면서 해방이 시작된다.

내가 믿었던 것들은 정말 옳았을까. 선이라고 생각했던 것이 오히려 나를 가두고 있었던 건 아닐까. 진짜 내 것이라 여겼던 것들이 과연 내 것이 맞았을까.

이 질문들은 완전히 새로운 길로 당신을 이끈다. 낯설고 고독한 길이다. 때로는 실수하고 길을 잃을 수도 있다. 하지만 그런 경험들이야말로 당신을 더 강하게 만든다.

두려워하지 마라. 의심과 혼란, 그리고 고독조차도 자유를 향해 가는 과정이다. 계속 질문하라. 그 질문들이 결국 당신만의 길을 열어줄 것이다.

고독과 시련을
두려워 말라

어느 날, 인생이 당신을 끝없는 사막 한가운데에 던져놓
았다고 상상해보자. 어디로 가야 할지 모르겠고, 깊은 고독
이 몰려온다. 모든 것이 불확실하고, 단 한 걸음을 내디디는
것조차 힘겨워진다.

하지만 그 길의 끝에서 당신이 얻게 될 것은 단순한 위로
가 아니다. 고통을 배움으로 삼는 법, 그리고 어떠한 상황에
서도 무너지지 않는 내면의 힘이다.

강한 사람은 '좋은 날'이 많은 사람이 아니다. 불안과 시
련 속에서도 자신을 잃지 않고, 그 과정에서 자신의 길을 만
들어가는 사람이다. 자유로운 사람은 어떤 환경에서도 배움
을 찾고, 어려운 순간에도 에너지를 잃지 않는다.

때로는 괜찮은 척해야 할 때도 있다. 아무렇지 않다는 말로 버텨야 하는 순간이 찾아오기도 한다. 그러나 그 시간조차 당신을 성장시키는 과정이다. 그런 날들을 지나고 나면, 더 단단해진 당신을 발견하게 될 것이다.

자유로운 사람은 세상을 두려워하지 않는다. 사랑이나 증오에 휩쓸리지 않고, 마치 바닷가에서 모래성을 쌓는 아이처럼 무너져도 다시 쌓고, 그 과정을 즐길 줄 안다. 중요한 것은 무너졌다가도 다시 쌓아올리는 바로 그 경험이다.

그리고 당신도 이 길을 걸을 수 있다. 쉽지는 않을 것이다. 길을 잃고 어디로 가야 할지 모르는 순간들도 찾아올 것이다. 하지만 그 모든 순간이 당신을 더 단단하게 만들어준다.

그러니 멈추지 마라. 의심하고 흔들려도, 다시 일어서라. 그렇게 나아가는 것이 당신만의 길이 된다.

포기하지 않는다면,
결국 달라진다

당신은 포기하지 않았기에 여기까지 왔다. 그러나 그것만으로 충분할까?

인생의 변화는 영화처럼 극적으로 찾아오지 않는다. 보통은 침대에 누워 다 귀찮다고 중얼거리던 그 지치는 순간, 다시 시작된다. 그렇다고 해서 모든 것이 끝난 건 아니다. 결국 우리는 다시 일어나 걷게 된다.

지쳤다면 잠시 쉬어도 된다. 하지만 계속 머물 수는 없다. 세상이 야속하게 느껴질 수 있다. 그러나 시간이 지나면 결국, 무엇을 해야 할지가 분명해졌음을 깨닫게 된다.

스스로에게 물어보라. 나는 정말 최선을 다하고 있는가. 이 질문이 불편하게 느껴진다면, 아직 더 나아갈 길이 남아 있다는 뜻이다.

외로웠던 시간과 멀게만 보였던 목표들이 이제는 조금씩 선명해지기도 한다. 그러나 그것을 잡아낼 힘이 당신에게 있는가? 아직 기뻐하기에는 이르다. 왜냐하면 끝이 아니니까.

힘든 시간을 버티고 나면, 그 시간들이 당신을 더 성장하게 만든다. 삶이 버겁게 느껴질 때, 아무것도 하지 않는 것만큼 위험한 일은 없다.

겨울바람이 차갑다고 따뜻한 햇볕만 찾아다닐 순 없다. 그 바람을 견딜 힘을 길러야 한다. 살아간다는 것은 단지 버티는 게 아니라, 조금씩이라도 앞으로 나아가는 것이다.

회복이란 아픔에서 완전히 벗어나는 게 아니다. 한 걸음 더 나아갈 용기를 얻는 과정이다. 서두르지 않아도 된다. 하지만 절대로 멈추지는 마라. 꾸준히, 끝까지 가보아라. 당신이 어디까지 갈 수 있는지, 스스로에게 보여주어라.

내 삶을 다스릴 힘은 나에게 있다

어느 날, 문득 스스로에게 질문하기 시작한다. 그동안 외면해왔던 의문들이, 마치 오래된 창고에서 먼지 낀 상자를 꺼내듯 하나둘 떠오른다.

왜 나는 이렇게 멀리 와버린 걸까.

왜 이렇게 혼자일까.

내가 사랑했던 것들은 왜 포기해야 했을까.

내가 존경했던 것들마저 왜 내려놓아야 했지.

그리고 마침내 가장 중요한 질문이 따라온다. 이 모든 혼란과 의심은 어디에서 온 걸까.

그렇게 스스로에게 묻다 보면 더 이상 도망칠 수 없다는 걸 깨닫게 된다. 오히려 그 질문들과 정면으로 마주해야만

한다. 결국 답을 찾을 사람은 나 자신뿐이니까.

그렇게 고민을 거듭한 끝에 깨닫는다. 내 삶은 내 방식대로 살아야 한다는 것을. 내가 가진 믿음과 원칙도 필요하다면 바꿀 수 있어야 한다는 사실을.

물론 믿음과 선함은 중요하다. 그러나 그것들이 내 삶을 지배하도록 둬서는 안 된다. 도구처럼 필요할 땐 꺼내 쓰고, 아닐 땐 내려놓을 수도 있어야 한다. 그런데 우리는 그것들을 너무 오래 쥐고 놓지 않았던 건 아닐까?

그러다 문득 깨닫는다. 삶이란 처음부터 완벽한 게 아니라, 끊임없이 다시 만들어가는 과정이라는 걸. 그리고 하나더, 강해지지 않으면 내 인생을 휘두르는 것들이 계속해서 나타날 거라는 사실도.

나약한 사람은 주변에 쉽게 휩쓸린다. 그러나 그 너머로 가려면, 내가 내 삶을 선택할 수 있어야 한다. 스스로를 다스리지 못하면 결국 누군가의 뜻대로 살아갈 뿐이다.

그리고 또 하나를 깨닫는다. 내가 걸어온 길은 의미 없는 방황이 아니었다는 사실을. 그 길은 반드시 지나야 했던 과정이었고, 나를 더 단단하게 만들기 위한 여정이었다.

고통과 혼란, 그 모든 것들이 결국 나를 성장시켰다는 사실을 받아들이자, 더 이상 과거를 원망하지 않게 된다. 오히려 묘한 감사함이 밀려온다.

내가 사랑했던 것을 내려놓아야 했던 이유도, 외로움을 견뎌야 했던 이유도 결국 나를 더 강하게 만들기 위한 과정이었음을 깨닫는다.

이제 걸어온 길에 감사하며, 더 높은 목표를 향해, 더 단단한 마음으로 나아간다. 그리고 조용히 다짐한다. 당신도 이 길 위에 있다면, 멈추지 마라. 답은 걸어가면서 찾게 될 것이다.

인생의 문제는
당신을 단단하게 만든다

살다 보면 한 번쯤은 자신이 걸어온 길을 돌아보게 된다. 그 길이 그저 방황이었을까, 아니면 꼭 필요한 과정이었을까?

그러다 문득, 흘려보낸 시간들이 결코 헛되지 않았으며, 그 모든 순간이 결국 나를 더 강하게 만들고 있었다는 사실을 깨닫는다.

문제는 우리를 흔들어놓기도 하지만, 동시에 그 흔들림 속에서 진짜 자신을 발견할 기회를 준다. 우리는 종종 문제가 삶을 방해한다고 생각한다. 하지만 사실 문제마저 없었다면 우리는 더 나아갈 수 없었을지도 모른다.

그러니 문제를 피하지 마라. 그것은 당신을 더 높은 곳으로 이끌어줄 힘이 된다. 고통에서 도망치지 않고 마주하는 사람만이 그것을 자신의 무기로 바꿀 수 있다.

당신은 이제 문제를 회피하지 않는다. 오히려 깊숙이 들여다본다. 마치 대장장이가 쇳덩이를 불에 달궈 두드려 단단하게 만들듯, 자신의 약점을 마주하며 더 강해져 간다.

누군가는 왜 굳이 이렇게 힘든 길을 선택하느냐고 묻는다. 하지만 당신은 안다. 이 길을 넘어야 더 넓은 세상을 볼 수 있다는 것을.

누군가 대신 놓아주는 사다리는 없다. 우리는 스스로 길을 만들어야 한다. 때로는 그 길이 너무 가파르고 멀어 보일 수도 있지만, 한 걸음 내딛을 때마다 당신은 점점 더 단단해진다.

그러니 문제를 두려워하지 마라. 그 문제는 당신을 무너뜨리기 위해서가 아니라, 더 강하게 만들기 위해 온 것이다.

진짜를 찾기보다,
먼저 진짜가 되어라

우리는 종종 반짝이는 것에 쉽게 마음을 빼앗긴다. 겉모습이 화려하고 눈길을 사로잡으면, 그것만으로도 대단해 보인다고 착각한다. 하지만 가까이 다가가 보면 반짝임은 금세 사라진다. 그리고 실망한 우리는 결국 겉만 번지르르했던 것뿐이었다며 아쉬움을 내뱉는다.

반면, 처음 봤을 땐 별 매력을 못 느꼈던 것들이 있다. 화려하지 않고 두드러지지 않아 그냥 지나쳐버리기 쉽다. 그런데 시간이 지나면 비로소 깨닫게 된다. 바로 그것들이야말로 쉽게 무너지지 않는 '진짜 힘'을 지녔다는 사실을.

그러나 여기서 중요한 건 겉과 속을 구분하는 일이 아니다. 정말 중요한 건 '내가 가짜가 되지 않는 것'이다. 사람들은 흔히 진짜를 찾아야 한다고 말한다.

하지만 그보다 더 중요한 질문은 내가 진짜인가 하는 것이다.

스스로 단단한 존재가 되라. 그래야 흔들리지 않는다. 겉모습에 현혹되지 않고, 남이 아닌 내 안에서 '진짜'를 확인해야 한다.

그러니 반짝이는 것에 휘둘리지 마라. 남들이 만든 가짜를 구별하기에 앞서, 내가 가짜가 되지 않는 것이 훨씬 더 중요하다.

중요한 것은
깨어 있을 때 하는 일

　우리는 때때로 꿈을 꾼다. 낯선 곳, 낯선 사람, 설명할 수
없는 일들이 펼쳐지고, 아침이 되면 이게 무슨 의미였을까
하고 스스로 묻는다.

　사람들은 오랫동안 꿈의 의미를 찾아왔다. 어떤 이는 그
안에서 메시지를 발견하려 하고, 또 다른 이는 그저 웃으며
별 의미 없는 꿈이라 넘겨버린다. 하지만 정말 중요한 것은
'꿈'이 아니라, 현실에서 당신이 무엇을 하느냐다.

　꿈은 때때로 우리에게 지금 제대로 가고 있는지, 혹시 놓
치고 있는 것은 없는지 질문을 던진다.

　그러나 답은 꿈속에 있지 않다. 답은 깨어 있는 현실에서,
당신이 어떤 행동과 선택을 하느냐에 달려 있다.

우리는 종종 너무 바쁘게 살아가서, 스스로 무엇을 원하는지조차 모를 때가 있다. 하지만 그것을 알아내는 건 꿈이 대신해주지 않는다. 결국 현실에서 내가 내리는 선택과 행동이 모든 것을 바꾼다.

꿈은 단지 상상에 불과하다. 하지만 현실은 당신이 직접 바꿀 수 있다. 그러니 꿈속에서 의미를 찾으려 애쓰지 마라. 대신 눈을 떴을 때, 무엇을 할 것인가에 대해 깊이 고민하라.

진짜 변화는 꿈속이 아니라, 깨어 있는 순간에 만들어가는 것이다.

행복만을 위해
살지 마라

사람들은 늘 행복을 꿈꾸며 마치 그것이 인생의 정답인 듯, 어떻게 하면 행복해질 수 있을까 묻는다.

하지만 정말 행복이 전부일까? 세상에는 우리가 모르는 것들이 많고, 때론 불편하고 어려운 진실도 있다. 단지 행복에 도움이 되지 않는다는 이유로, 그런 진실을 외면해도 괜찮을까?

우리는 흔히 기분 좋은 것, 편안한 것만 보고 듣고 싶어한다. 그러나 모든 것이 행복으로 귀결되는 것은 아니다. 진짜 깨달음은 때로는 불편하고, 원치 않는 답과 마주하는 순간에 찾아온다.

그 불편함이야말로 우리를 성장시키고, 세상을 더 넓게

볼 수 있게 한다. 삶에서 정말 중요한 것은 길을 잃지 않는 것이다. 어디로 가고 있는지, 무엇을 바라보고 있는지, 그 과정을 있는 그대로 받아들이는 일이다.

그러니 행복만을 위해 살지 마라. 행복은 당신이 가는 길에서 자연스럽게 따라오는 것이지, 목적지 자체가 아니다.

진정한 성장은 때론 불편하고, 아프고, 예상치 못한 방향으로 흐르기도 한다. 하지만 바로 그 과정 속에서 당신은 깊은 깨달음과 의미를 얻게 되고, 그 덕분에 더 단단해진다. 행복은 그 뒤에 자연스럽게 따라오는 열매 같은 것이다.

인생은
태도에 달려 있다

우리는 종종 사소한 일에도 그 이유를 찾으려 한다. 이 일이 벌어진 게 무슨 뜻일까, 혹시 나에게 어떤 메시지를 주려는 걸까 하고 고민한다. 하지만 중요한 것은 이유를 찾는 게 아니라, 그 일을 어떻게 받아들이느냐다.

삶은 그냥 흘러가는 게 아니다. 당신이 어떤 태도로 사느냐에 따라 완전히 달라진다. 우연히 길에서 누군가를 만났다고 해서, 그 만남이 무조건 특별한 의미를 가져야 하는 건 아니다. 하지만 그 순간을 소중하게 만드는 건 당신의 선택이다. 그렇다고 너무 깊이 고민하지도, 아무렇지 않게 흘려보내지도 마라. 세상은 정해진 대로 흘러가지 않는다. 당신의 태도에 따라 끝없이 변화한다.

지금
이 순간을 살아라

우리는 가끔 보이지 않는 또 다른 세계를 상상한다. 그곳
에는 우리가 모르는 비밀이 있을 것 같고, 어쩌면 삶의 의미
나 특별한 깨달음을 얻을 수 있을 것만 같다.

하지만 솔직히 묻겠다. 그런 공상이 지금 당신의 현실을
바꿔주고 있는가? 당신이 직면한 현실을 바꾸는 건 결국 당
신의 선택과 행동뿐이다.

우리는 종종 머릿속에서 의미를 찾으려 한다. 하지만 삶
은 생각으로만 만들어지지 않는다. 현실 속 행동으로 만들
어진다.

거친 바다를 항해하는 선원에게 물이 수소 두 개와 산소
하나로 이루어졌다는 사실을 설명해준다고 해서, 그가 살아

남을 수 있을까.

흥미로운 정보일 수는 있지만, 그가 파도를 뚫고 나아가는 데는 아무런 도움이 되지 않는다.

그러니 막연한 기대나 추상적인 생각이 아니라, 지금 이 순간에 집중해라. 삶은 기다리는 것이 아니다. 삶은 선택하고 만들어가는 것이다.

그리고 기억하라. 삶의 의미는 이미 정해진 무엇이 아니라, 당신이 행동하는 순간에 생겨난다.

꿈속에서도
도망치지 마라

당신은 꿈을 대수롭지 않게 넘겨버린다. 그저 머릿속에서 만들어낸 이상한 이야기일 뿐, 아무 의미 없는 잔상이라 여기며 쉽게 흘려보낸다. 정말 그렇게 자신할 수 있을까?

만약 꿈이 단순한 환상이라면, 왜 어떤 장면은 당신을 깊이 불안하게 만들고, 어떤 이미지는 깨어나서도 사라지지 않는 걸까? 왜 특정 꿈은 계속해서 당신의 마음을 건드리는 걸까?

꿈은 당신이 무시해온 것들을 다시 떠올리게 하는 시험장이다. 현실에서 지우려 했던 감정들, 감추고 싶었던 두려움과 욕망, 이루지 못한 갈망과 억눌린 분노가 모두 다른 모습으로 돌아온다.

그렇다면 이제 묻겠다. 당신은 꿈속에서조차 도망칠 것인가?

꿈은 때때로 우리에게 이제 어떻게 할 것인지 묻는다.

많은 사람들이 꿈을 해석하고 분석하려 한다. 그 안에서 의미를 찾고, 숨겨진 메시지를 풀어내려 한다. 하지만 그런 시도는 결국 무의미하다.

꿈은 해석하는 대상이 아니다. 직면하고, 현실에서 싸워야 할 대상이다.

두려운가? 더 깊이 뛰어들 용기를 가져라.

불안한가? 오히려 끝까지 가볼 기회가 생긴 것이다.

꿈속에서도 스스로를 마주하지 못한다면, 현실에서도 자유로워질 수 없다.

그러니 피하지 마라. 꿈속에서조차 당신 자신과 맞서 싸워라. 혼란을 부수고, 넘어가고, 다시 태어나라.

그렇지 않으면, 당신은 꿈에서도, 현실에서도 영원히 도망치는 삶을 살게 될 것이다.

정답은 세상이 아닌
당신이 만든다

사람들은 세상이 마치 정해진 퍼즐처럼 조각을 맞춰가다 보면 결국 진실이 보일 거라고 믿는다. 그래서 끊임없이 답을 찾고, 의미를 구하려 한다.

그러나 문제는, 이 퍼즐의 그림이 계속 변한다는 것이다.

세상은 고정된 게 아니다. 우리가 보는 현실은 수많은 사람들의 생각과 감정, 편견과 욕망이 쌓여 만들어진다.

도덕, 종교, 예술, 철학은 세상을 이해하려는 인간의 시도였지만, 결국 우리 스스로 만들어낸 이야기일 뿐이다.

과학은 세상의 껍질을 벗겨내며 더 깊이 들여다보려 한다. 이게 환상일지라도, 우리는 그 안에서 의미를 만들어왔다고 말한다. 하지만 과학조차 세상을 해석하는 또 다른 방식에 지나지 않는다.

그렇다면 정말 중요한 건 무엇일까? 결국 한 가지뿐이다. 내가 이 세상을 어떻게 보고, 어떻게 살아갈 것인가이다.

세상이 당신을 정의하지 않는다. 당신이 세상을 대하는 태도와 선택이 당신을 독보적인 존재로 만든다.

그러니 세상의 불완전함을 두려워하지 마라. 그 불완전함 속에서, 당신만의 기준을 만들어라.

정말
쉬운 길이 있을까?

많은 사람이 인생이 너무 힘들다며 좀 더 쉽게 사는 방법은 없을까 하고 고민한다.

하지만 나는 되묻겠다. 정말 쉬운 길이 존재한다고 믿는가?

무언가를 이루는 사람은, 삶이 고단하다고 도망치지 않는다. 오히려 고된 현실을 받아들이고, 그 안에서 길을 찾는다.

고민이 많다고 해서 당신이 약한 것은 아니다. 인생이 혼란스럽다고 해서 틀린 것도 아니다.

정말 약한 사람은 끊임없이 고민하면서도 결국 아무것도 하지 않는 사람이다.

당신이 가야 할 길을 발견했다면, 그 길이 얼마나 험난하든 기꺼이 걸어가라.

삶은 원래 거칠고 혼란스럽고, 때론 감당하기 어려운 것이다. 그러나 그 속에서 방향을 찾아 나아가고, 스스로를 더 강하게 만드는 사람만이 진정한 자유를 얻을 수 있다.

　도망치지 마라. 고민하되, 행동하라.

오늘의 선택이
내일을 만든다

사람들은 점점 눈앞에 보이는 결과만 중요하게 여기고, 빠른 성과를 원한다. 나무를 직접 심고 기다리기보다는, 이미 열매가 열린 나무만 찾으려 한다.

하지만 그렇게 해서 당신이 정말 원하는 삶을 얻을 수 있을까?

과거에는 보이지 않는 믿음이 사람들에게 안정감을 주었다. 내 삶은 더 큰 무언가와 이어져 있다는 확신이 교회를 짓고, 수도원을 세우게 만들었다. 하지만 그 믿음이 언제나 옳았던 것은 아니었다.

이제 세상은 달라졌다. 과학은 확신을 주기보다는 오히려 질문을 던지고, 절대적 진리 대신 탐구와 변화를 강조한다.

그렇다면 질문을 바꿔보자. 불확실한 오늘을 살아가면서도 어떻게 내일을 위한 길을 만들어갈 수 있을까.

완벽한 계획이 없어도 괜찮다. 먼 미래가 뚜렷하게 보이지 않아도 좋다. 중요한 건 바로 지금, 우리가 어떤 선택을 하느냐다.

오늘 심은 씨앗이 내일 큰 숲이 되려면, 그 씨앗을 돌보고 가꾸며, 스스로 길을 개척해야 한다.

그러니 지금 이 순간을 살아가면서도 멈추지 말고 더 큰 미래를 바라봐라. 기다리는 사람이 아니라, 직접 움직이는 사람이 되라.

비교하지 마라

세상은 넓어졌고, 선택지도 많아졌다. 예전에는 정해진 방식대로 살아가기만 하면 됐지만, 지금은 하루가 다르게 변하는 세상 속에서 끊임없이 비교하며 살아가게 된다. 어떤 삶이 더 나은지, 어떤 방식이 옳은지 고민하며 끝없이 질문을 던진다.

마치 거대한 쇼핑몰에 들어온 것 같다. 옛날에는 하나의 가게에서 하나의 물건을 보고 결정했다면, 지금은 수만 가지 선택지가 눈앞에 펼쳐진다.

하지만 중요한 건 비교로 길을 찾는 것이 아니라, 당신만의 기준을 세우는 것이다. 비교로 성장하는 게 아니라, 비교를 넘어서는 것이 더 중요하다.

물론 선택이 많아질수록 고민도 깊어진다. 어떤 길을 갈지, 무엇을 믿어야 할지 헷갈릴 때도 있다. 그럴 땐 혼란 속에서 갈팡질팡하기보다는, 오직 거울 속 자신에게만 길을 물어봐야 한다.

세상은 끊임없이 변한다. 남들과 비교하며 길을 찾으려하지 마라. 비교는 사람을 나약하고 절망하게 만들 뿐이다.

다시는 돌아가지 말라

위대한 시대는 우리에게 영감을 준다. 하지만 그 시대로 돌아가려는 시도는, 꺼진 불을 억지로 다시 붙이려는 것과 같다. 촛농은 남아 있어도 불꽃은 이미 사라졌다.

역사는 우리에게 많은 것을 가르쳐준다. 하지만 과거를 그대로 재현하려는 시도는 현실을 외면하는 것일 뿐이다.

이제 우리는 과거와 다르다. 예전에는 우연과 본능에 의지해 살아갔다면, 지금은 배우고 계획하며, 새로운 것을 만들어낼 힘을 갖췄다.

과거가 자연스럽게 흘러갔다면, 이제 우리는 의식적으로 더 나은 길을 선택할 수 있다. 그렇다고 변화가 저절로 이루어지는 것은 아니다. 미래는 기다린다고 찾아오지 않는다.

우리가 직접 만들어가야 한다.

옛날이 더 좋았다는 생각에만 머문다면, 절대 앞으로 나아갈 수 없다. 과거를 기억하는 것은 중요하지만, 그 자리에 머물러서는 안 된다.

진짜 성장은 과거를 복원하는 게 아니다. 새로운 방식, 새로운 생각으로 만들어야 한다. 낡은 벽돌로 집을 짓는 대신, 새 재료로 더 단단한 집을 세워야 한다.

과거에서 배울 점은 있지만, 결국 그 너머로 가야 한다.

오직 자신에게 기대라

이제 세상의 운명을 대신 책임져줄 누군가는 없다. 옛날에는 어떤 존재가 우리를 더 나은 곳으로 이끌어줄 거라 믿었지만, 지금은 스스로 길을 만들어야 하는 시대다. 아무도 대신 결정해주지 않는다. 우리가 직접 선택하고, 그 선택에 책임을 져야 한다.

예전에는 모두가 같은 원칙을 따라야 한다고 여겼다. 하지만 세상은 그렇게 단순하지 않다. 상황에 따라, 때론 반대 방향이 더 나은 답이 될 수도 있다.

서로 다른 목표를 가진 두 집단이 있다고 생각해보자. 만약 똑같은 규칙만을 강요한다면, 오히려 갈등이 커질 수 있다. 어떤 목표를 이루려면 기존 방식을 깨뜨려야 할 때도 있다.

미래를 만들어가려면 현실을 정확히 파악해야 한다. 세상이 어떻게 움직이고, 우리는 어디에 서 있는지를 먼저 알아야 한다. 그 위에서 새로운 목표를 세워야 한다. 감정이나 막연한 믿음이 아니라, 논리적이고 현실적인 기준을 바탕으로 나아갈 방향을 잡아야 한다.

우리가 해야 할 일은 분명하다. 과거의 틀에 갇히지 않고 새로운 길을 만들어야 한다. 당연하다고 여겼던 고정관념을 내려놓고, 더 나은 선택을 향해 나아가라.

물론 쉽지 않다. 하지만 바로 그 도전이 우리에게 주어진 가장 중요한 과제다.

그러니 스스로에게 내가 원하는 세상은 어떤 모습인지 물어보라. 그 답이 곧 내가 만들어가야 할 길이 될 것이다. 누군가 대신해주길 기다리지 마라. 당신이 바라는 세상을 직접 설계하라.

흔들린다면,
오히려 좋다

흔들려도 괜찮다. 하지만 반드시 더 높은 곳으로 나아가라.

때론 변화가 너무 느리거나 방향이 불확실할 때, 우리는 과거로 돌아가고 싶어진다. 새로운 길이 불안할수록, 익숙한 곳으로 발길을 돌리려는 유혹이 강해진다.

그러나 과거로 돌아간다고 해답을 얻을 수는 없다. 되돌아볼 수는 있어도, 거기에 머물러서는 안 된다.

역사를 보면, 변화의 순간마다 사람들은 흔들렸다. 새 시대가 열릴 때마다 불안과 혼란이 뒤따랐다. 하지만 끝까지 남은 이들은, 그 혼란을 넘어 더 나아가려 했던 사람들이다.

흔들리는 순간을 두려워하지 마라. 그러나 그것을 견디는 것만으로는 충분하지 않다. 그 흔들림 속에서 더 높이 오를 길을 찾아야 한다.

삶이 멈춰선 듯 보이거나, 오히려 과거로 후퇴하는 것처럼 느껴질 때도 있을 것이다. 하지만 이 혼란의 시기가 없다면, 우리는 더 높은 곳으로 올라갈 기회를 잃는다.

흔들린다면, 오히려 잘된 일이다. 그 흔들림을 넘어설 수 있다면, 이전엔 상상도 못했던 새로운 자신을 만나게 된다. 불확실한 시간을 지나며, 자신도 몰랐던 힘과 용기를 발견하게 될 것이다.

그때부터는 세상이 더 이상 두렵게만 보이지 않는다. 왜냐하면 당신은 이미 스스로를 뛰어넘을 수 있다는 사실을 깨달았기 때문이다.

복잡할 땐
예술을 만나보라

우리는 종종 너무 많은 생각에 스스로를 가둔다. 무엇이 옳은지, 어떻게 살아야 하는지, 온갖 정답을 찾으려 애쓰지만, 그럴수록 머릿속은 더 복잡해진다.

그럴 때, 뜻밖의 해답을 줄 수 있는 것이 있다. 바로 예술이다.

하지만 예술은 단순한 위로나 도피처가 아니다. 예술은 전혀 다른 시선을 열어주고, 세상을 새롭게 보게 만든다. 감정만을 자극하는 것이 아니라, 삶을 깊이 이해하고 변화를 유도한다.

예술은 먼저 보고 듣는 것에서 시작되며, 그 안에서 새로운 길을 발견하라고 말한다. 때로는 그림 한 점, 노래 한 곡,

영화 한 편이 수많은 말보다 더 큰 깨달음을 준다.

그러니 머리가 복잡하고 삶이 버거울 때, 예술을 찾아라.
다만, 현실에서 도망치듯 예술에만 매달리지 마라. 예술은
더 잘 살아가기 위한 또 하나의 길일 뿐이니까.

세상에 휘둘리지 마라

세상을 바라보는 시선은 크게 두 가지로 나뉜다. 세상은 원래 좋은 곳이며 결국 다 잘될 거라고 믿는 사람과, 세상이 힘들고 불공평하다고 여기는 사람.

어떤 이들은 이 세상이 그나마 잘 돌아간다고 믿고, 또 다른 이들은 엉망진창이라고 생각한다. 하지만 이 둘 다 뭔가 부족하다. 결국 세상은 그저 세상일 뿐이니까.

세상 자체가 특별히 선한 것도, 악한 것도 아니다. 우리가 그렇게 규정하고 싶어 할 뿐, 자연과 세상의 본질에는 그런 이분법적 가치가 없다.

그러니 굳이 세상을 좋게만 혹은 나쁘게만 보려 애쓰지 마라. 더 중요한 건, 그 속에서 내가 어떤 삶을 살 것인가이다.

세상이 보여주는 온갖 모습에 휘둘리지 말고, 당신이 진정 원하는 삶의 의미를 찾아라. 어떤 길을 걸을지, 어떤 사람이 될지 결정하는 것은 결국 당신이다.

세상이 어떻게 돌아가는지에 몰두하기 보다는, 그 안에서 내가 걸어갈 길이 무엇인지 고민하라. 남들이 만든 규칙과 기준에 맞춰 살기보다는, 스스로의 방식으로 세상을 살아내는 법을 배워라.

질문이 열어주는 문

분명한 사실 하나는, 인간은 스스로를 이해하고자 할 때 더 나은 방향으로 나아갈 수 있다는 것이다. 하지만 그 길은 늘 쉽지 않다. 마치 거대한 미로에서 출구를 찾듯, 가끔은 막다른 길에 부딪혀 멈춰 서야 할 때도 있다.

우리는 종종 스스로에게 왜 이런 선택을 했는지, 왜 이런 감정을 느끼고 있는지 묻는다.

이 질문들은 불편하고 때론 고통스럽지만, 결국 우리를 더 깊은 깨달음으로 데려간다. 문제는, 그 답이 언제나 깔끔하게 떨어지지 않는다는 데 있다. 우리가 믿어왔던 가치가 흔들리고 무너질 수도 있다.

하지만 바로 그 순간이 중요하다. 길을 잃는다는 건, 곧 새로운 길을 찾는 시작이기도 하니까. 예를 들어, 오랫동안 간직해온 목표가 갑자기 무의미해졌다면, 이제 무엇을 새롭게 시작할 수 있을지 스스로에게 물어야 한다.

삶은 질문으로 가득한 미지의 세계다. 진정한 삶의 가치는 완벽한 해답이 아니라, 그 해답을 찾아가는 노력과, 답을 찾지 못해도 끊임없이 질문을 던지는 용기에 있다.

과거에 얽매여 자신을 짓누르지 말고, 언제든지 새로운 삶을 설계할 수 있음을 기억하라. 두려움 대신 희망을 택하고, 과거가 아닌 미래를 기준으로 한 걸음 내디뎌라.

마음의 중심을 잡는 법

　사람의 내면을 깊이 들여다보는 일이 도움이 될지, 오히려 혼란을 줄지 확신하기 어렵다. 하지만 한 가지 분명한 건, 요즘 같은 복잡한 시대를 살아가려면 스스로를 이해하려는 노력이 필수라는 사실이다.

　우리는 너무 빨리 변하는 시대의 한복판에서 살아가며, 왜 이렇게 복잡하게 살아야 하는지, 내 마음은 왜 이렇게 불안한지 스스로에게 묻는다. 이런 질문들이 때로는 우리를 지치게 하지만, 결국 조금씩 앞으로 나아가게 만든다.

　자연이 계획 없이도 최적의 형태를 찾아내듯, 우리도 완벽한 목표 없이 살아가도 괜찮다. 중요한 건 멈추지 않고 스스로를 다듬어 가는 과정이다. 마치 매일 아침 거울 앞에서 머리를 정돈하듯, 우리의 내면도 그렇게 조금씩 정돈된다. 물론 어딘가 삐져나온 머리카락처럼, 완벽해지지 않아도 괜찮다.

자기 탐구의 길이 언제나 따뜻하고 편안하지는 않다. 때론 차가운 시선이 필요할 때도 있다. 감정에 휩쓸려 스스로를 잃지 않기 위해선, 열정과 냉철함 사이에서 균형을 찾는 법을 배워야 한다. 너무 진지한 사람은 가벼운 웃음을, 너무 열정적인 사람은 고요함을 알아야 한다.

우리는 가끔 지나친 진지함으로 삶을 무겁게 끌고 가거나, 너무 가볍게 흘려보내며 중요한 것을 놓치곤 한다. 하지만 삶은 그 극단의 어딘가에 있다. 불안과 혼란 속에서도 중심을 잡는 힘, 그리고 고요함 속에서도 전진하려는 열정. 그 둘이 만나야 진정한 성장이 가능하다.

오늘도 우리는 자신을 들여다보며 균형을 배운다. 그리고 그 과정에서 얻은 깨달음은 결국 우리 자신만이 아니라 다른 사람에게도 영향을 미친다. 내면의 불안을 가다듬을 때, 세상을 조금 더 나은 방향으로 움직일 힘도 함께 생겨난다.

잊지 마라. 나를 다듬는 작은 움직임이, 결국 세상까지 바꿀 수 있다는 사실을.

더 이상
자신을 탓하지 마라

우리는 가끔 스스로를 지나치게 탓하고, 죄책감에 시달린다. 왜일까? 그것은 '책임'이라는 무거운 짐을 우리가 지고있기 때문이다.

사실 책임이라는 개념을 자세히 들여다보면, 애초에 단순한 오해에서 비롯된 걸지도 모른다. 초기에는 행동이 공동체에 어떤 영향을 미치는지가 중요했을 뿐이다. 그게 이익이면 '선', 해가 되면 '악'으로 구분했다.

그런데 시간이 흐르며, 행위 자체가 마치 선악의 속성을 지닌 것처럼 오해하기 시작했다. 어떤 행동은 절대적으로 선해야 하고, 어떤 행동은 절대악이라고 단정 짓는 도덕적 판단이 확장되면서, 이제는 동기와 인간의 본성까지 평가하려 한다.

문제는 여기서 끝나지 않는다. 당신이 어떤 사람인지 조차 과거 경험과 환경의 결과일 수 있는데, 우리는 마치 모든 걸 자유롭게 결정할 수 있었다고 믿으며, 스스로를 무겁게 탓한다.

하지만 이 사실을 깨닫는 순간, 거대한 흐름 속에서 나는 그저 작은 점에 불과했음을 인정하게 된다. 그 점이 모든 것을 책임져야 한다는 생각은 오히려 부당하다.

정말 필요한 건 자신을 용서하고, 무거운 짐을 내려놓는 일이다. 죄책감을 내려놓을 때 내면의 평화를 찾을 수 있고, 타인에게도 너그러워질 수 있다. 왜냐하면 그들도 결국 당신과 마찬가지로 환경과 경험의 흐름 속에 있기 때문이다.

그러니 삶을 좀 더 가볍게 살아보라. 죄책감에 매몰되지 말고, 새로운 시도와 가능성을 선택하라. 내가 왜 그랬을까 후회하는 대신, 이제 무엇을 할 수 있을지 스스로에게 물어 보라.

짐을 내려놓고, 다시 길을 걸어라. 당신의 삶은 지금부터다. 과거의 무게를 내려놔야 비로소 새로운 날개를 펼칠 수 있다.

생각 없이 따르지 말 것

인간은 본능적 존재다. 이 본능은 우리를 강하게 만들 수도, 잘못 다루면 서로를 상처 입힐 수도 있다. 그래서 사람들은 도덕이라는 규범을 만들었다.

하지만 도덕이 언제나 인간을 위하는 것은 아니다. 과거에는 강자의 힘이 당연하게 여겨졌다가, 어느 순간부터는 오히려 '희생, 겸손, 순종' 같은 가치가 미덕으로 추앙받기 시작했다.

결국, 힘을 가지지 못한 자들의 '노예의 도덕' 이 세상을 지배하게 된 것이다.

문제는 사람들이 이 도덕을 절대적이라고 믿어버린다는 점이다. 도덕이 시대에 따라 변해왔다는 사실을 까맣게 잊고, 유일한 진리인 양 맹목적으로 따른다.

하지만 도덕은 언제든 바뀔 수 있다. 우리가 따르는 도덕이 과연 우리를 더 강하고 자유롭게 만드는지, 아니면 오히려 묶어두고 있는지 스스로 물어봐야 한다.

도덕은 강요가 아니라 선택의 문제다. 그 도덕이 우리를 성장하게 한다면 수용할 수 있지만, 반대로 가능성을 가로막는다면 우리는 그 너머로 넘어설 준비도 해야 한다.

결국 중요한 건, 도덕을 맹목적으로 따르지 않고 스스로 생각하고 결정할 힘을 기르는 것이다.

당신은
충분히 변할 수 있다

사람들은 종종 성격은 변하지 않는다고 말한다. 하지만 정말 그럴까.

사실 성격이란, 우리가 너무 가까이서 봐서 큰 변화를 알아채지 못하는 것일지도 모른다. 마치 산을 바로 눈앞에서 보면 그 윤곽이 안 보이는 것처럼 말이다.

만약 인류가 수천 년을 산다면 어떨까? 고집스럽던 사람이 언젠가 유연해지고, 비관적이던 사람이 삶의 밝은 면을 발견하는 모습을 우리는 훨씬 분명히 보게 될 것이다.

주변만 둘러봐도, 쉽게 화냈던 사람이 점차 차분해지거나, 책임감 없던 사람이 어느 순간부터 성실해지는 예를 종종 본다. 성격은 결코 멈춰 있는 게 아니다. 천천히, 그러나 꾸준히 변한다.

중요한 것은 내가 바뀔 수 없다는 생각을 버리는 일이다. 지금의 모습이 당신 전부가 아니라는 걸 깨닫는 순간, 더 나아질 문이 열린다.

물론 변화는 쉽지 않다. 난 원래 이렇다는 자기 변명과 맞서야 할 순간도 올 것이다. 하지만 작은 노력들이 쌓이다 보면, 어느 날 거울 속 자신이 조금씩 달라져 있음을 깨닫게 될 것이다.

성격은 변하지 않는다고 믿는 것은 결국 실수를 핑계 삼을 기회를 스스로에게 주는 것과 같다. 난 원래 이런 사람이니까 어쩔 수 없다는 생각 대신, 나는 지금도 바뀔 수 있다는 희망을 가져라.

변화는 당신을 더 나은 사람으로 만드는 기회다. 망설이지 말고 작은 발걸음부터 시작해보라. 삶은 변화 속에서 가장 빛나는 법이다.

되고 싶은 나를
연기하다 보면

삶은 마치 우리가 주연을 맡은 연극과 같다. 우리는 매 순간 진심을 담아 행동하지만, 동시에 스스로를 지켜보는 또 다른 눈이 있다. 슬플 때조차 내 마음 한켠에서는, 마치 관객이 된 나 자신이 그 장면을 보고 있는 것 같다.

누군가는 아이의 장례식에서 조차 자신의 눈물을 '연기'처럼 느낄 수도 있다. 이런 모습이 '위선'처럼 보이겠지만, 사실 인간이 스스로를 이해하려는 본능적인 과정이기도 하다.

위선이라는 단어가 주는 부정적 느낌과 달리, 모든 것은 흉내에서 시작된다. 배우가 무대에서 대사를 연습하듯, 우리는 처음엔 의도적으로 어떤 태도를 취한다. 하지만 그 연기가 점차 익숙해지면서, 결국 진짜가 되어간다.

예를 들어, 친절한 사람이 되고 싶다면 처음엔 일부러 웃고 따뜻한 말을 건네야 한다. 가면을 쓰는 것처럼 어색할 수도 있지만, 반복하다 보면 그 친절함이 어느 순간 진짜 내 모습이 된다.

그러니 당신이 되고 싶은 모습이 있다면, 먼저 그 모습을 연기해보라. 처음에는 조금 어색해도, 그 노력이 결국 당신을 원하는 모습으로 바꿀 것이다.

우리는 스스로를 연기하면서, 점점 더 '진짜 나'에 가까워진다. 마치 무대 위 배우가 한 걸음씩 자연스럽게 대사를 하게 되듯, 삶도 그렇게 연습하면서 완성되어 간다.

진실을 말하는 것이
유리하다

사람들은 왜 진실을 말할까? 도덕 때문일까, 양심 때문일까? 사실 그보다 덜 복잡한 이유가 있다. 진실을 말하는 게 훨씬 편하고 덜 피곤하기 때문이다.

거짓말을 해본 사람이라면 알 것이다. 한 번 거짓을 말하면 끝이 아니다. 또 다른 변명을 만들어야 하고, 거짓 위에 거짓을 더해가야 한다. 때로는 스무 번, 아니 그 이상을 지어내야 할지도 모른다.

영국의 작가 조너선 스위프트가 말했듯, 한 번의 거짓말은 스무 개의 거짓말을 더 만들어낸다. 결국 거짓말은 어마어마한 에너지와 정신력을 소모한다.

반면, 나는 이렇게 했고, 나는 이것을 원한다고 솔직하게 말하는 것은 훨씬 단순하다.

　물론 진실이 늘 듣기 좋은 건 아니다. 하지만 적어도 상황을 복잡하게 만드는 일은 피할 수 있다. 거짓말은 무거운 짐처럼, 들 때는 몰라도 내려놓고 나면 왜 이렇게 힘들었지 싶다.

　반면 진실은 가벼운 손가방 같다. 들고 다니기에도, 내려놓기도 편하다.

　결론적으로, 진실을 말하는 편이 인생을 더 유리하게 만든다. 가볍고, 자유롭고, 덜 피곤하니까.

진실의 힘

어떤 권력도 거짓만으로 오래 유지될 수 없다. 진정한 영
향력은 자신을 속이지 않고, 진실을 말하는 데서 나온다.

강한 이들은 자신을 솔직하게 들여다보고, 사회가 강요하
는 틀과 맞설 줄 안다. 수도사가 욕망을 다스리며 헌신을 선
택하듯, 그들은 스스로와 싸워 진정성을 찾아낸다.

하지만 우리는 종종 그런 모습을 비판하며 왜 혼자만 저
렇게 완벽하려고 하느냐고 묻는다. 그러나 정작 놓치고 있
는 것이 있다.

그들이 진실을 말해주기에, 우리 역시 진실을 마주할 기
회를 얻는다는 것. 만약 그들이 입을 다물었다면, 우리는 진
실을 볼 기회 자체가 없었을지 모른다.

진실을 말하기란 쉽지 않다. 많은 사람들은 듣기 좋은 말만 하거나, 불편한 현실을 외면하며 살아간다. 그러나 진실은 거짓보다 훨씬 가볍다. 거짓은 변명과 조작이 끊임없이 필요하지만, 진실은 그럴 필요가 없다.

진실을 택하는 순간, 우리는 자유롭고 강해진다. 자기 자신에게 솔직해지는 순간, 비로소 삶을 주도할 수 있다. 그리고 세상을 바꾸는 사람은, 결국 스스로를 속이지 않고 진실을 말해온 이들이다.

그러니 진실을 두려워하지 말고, 그 길을 선택하라. 타인의 기대에 맞추기보다는, 스스로에게 솔직해져라. 진실을 말하는 순간, 당신은 더 단단해지고 흔들리지 않는 사람이 될 것이다.

기다림이
답이 될 때

기다린다는 것은 인간에게 가장 힘든 도전 중 하나다. 이
유는 단순하다. 우리는 언제나 지금 당장 뭔가를 하고 싶어
하기 때문이다. 셰익스피어의 비극 속 주인공들도 기다리지
못해 파국을 맞이했다. 오셀로는 질투심에 휩싸여 서둘렀
고, 소포클레스의 아이아스는 자존심을 지키려다 침착함을
잃었다. 만약 그들이 조금만 더 기다렸다면, 우리는 전혀 다
른 결말을 읽었을지도 모른다.

아이아스를 떠올려보자. 그는 순간의 감정에 휩쓸려 돌이
킬 수 없는 결정을 내렸다. 하지만 만약 하루만 더 기다리
며, 나만 이런 실수를 한 게 아니라는 걸 받아들였다면 어땠
을까. 누구나 이 정도 실수는 할 수 있는 것 아닐까 하고 스

스로에게 물어보았다면.

아마 그의 비극은 일어나지 않았을지도 모른다. 그러나 자존심과 조급함이 기다림을 허락하지 않았고, 결국 그는 스스로를 무너뜨렸다.

사실, 기다림은 우리 삶에서도 사소한 일이 아니다. 우리는 흔히 즉각적인 반응이 최선이라 믿지만, 때로는 한 걸음 물러서서 생각할 때 더 나은 선택을 하게 된다. 기다림은 단순히 시간을 흘려보내는 게 아니라, 불안과 감정을 견디고 내면을 다스리는 과정이다. 오히려 행동하는 것보다 더 큰 용기가 필요할 수 있다.

싸움이 일어나려 할 때도, 기다림은 강력한 무기가 된다. 누군가 격분했을 때, 친구나 동료가 해줄 수 있는 가장 중요한 일은 그가 조금이라도 기다릴 수 있게 돕는 것이다.

지금 당장 부딪칠 필요는 없다며, 싸움은 내일도 할 수 있다고 말하는 그 한마디가 불필요한 갈등을 막아줄지도 모른다.

물론 기다린다고 해서 모든 게 해결되는 것은 아니다. 하지만 많은 비극은 '기다리지 못한 순간'에서 비롯된다. 기다림은 단순한 인내가 아니라, 우리 내면의 힘을 시험하는 과정이다.

그러니 조급한 결정 앞에서 스스로에게 물어보라. 정말 지금 당장 선택해야 할까, 아니면 하루만 더 기다려볼까.

어쩌면 그 하루가 당신의 인생을 완전히 바꿔놓을 수도 있다.

진실을 말하는 용기

솔직함은 단순히 감정을 드러내는 게 아니다. 진실을 마주한다는 것은 곧 자기 자신과 정면으로 마주하고, 내면을 똑바로 응시하는 힘을 의미한다. 진정한 솔직함이란 타인의 반응에 흔들리지 않고, 스스로에게 진실된 태도를 유지하는 것이다.

사람들은 진실을 좋아한다고 말하면서도, 막상 불편한 진실을 대면하면 피하려 한다. 진실을 말하기 어려운 이유가 바로 여기에 있다. 그러나 진실을 직면하는 순간, 우리는 더 강해지고 한결 자유로워질 수 있다.

진짜 용기란 자신을 숨기지 않고 드러내는 태도이며, 다른 이들의 반응에 좌우되지 않는 것이다. 진실을 말한다는 건 누군가의 호응을 얻으려는 게 아니라, 내 감정을 인정하고, 나 자신을 더 깊이 이해하는 과정이다.

진실을 드러내는 데 두려움을 느낄 필요는 없다. 그것이야말로 자유로 가는 길이며, 진정한 자기 확립으로 나아가는 단계다.

고통이 지나간 자리

우리는 예상치 못한 순간에 삶의 깊이를 깨닫는다. 그것
이 아버지의 죽음처럼 가슴을 찢는 아픔이든, 사랑했던 사
람의 배신처럼 날카로운 상처이든, 혹은 한순간의 사고처럼
우리 삶을 송두리째 뒤흔드는 사건이든 간에, 단순한 비극
으로 끝나지 않는다. 바로 그 경험들 속에서 우리는 감정을
새롭게 마주하고 내면의 힘을 시험받는다.

삶이 우리를 어디로 이끌지, 그 끝에서 우리는 어떤 사람
이 되어 있을지 아무도 모른다. 예상치 못한 시련은 거센 풍
랑처럼 우리를 흔들지만, 결국 그 흔들림이 우리를 단단하
게 만든다. 강렬한 체험은 아픈 상처를 남기기도 하고, 동시
에 우리를 성장시키기도 한다. 한 가지 분명한 점은, 그 순

간들이 결국 우리를 새롭게 정의한다는 사실이다.

"불행한 환경이 불행한 사람을 만든다"는 말이 있지만, 삶은 그렇게 단순하지 않다. 우리의 선함과 강함, 그리고 앞으로의 삶의 방향은 결코 경험의 종류나 강도에 의해만 결정되지 않는다. 진짜 중요한 건 그 경험을 어떻게 받아들이고 해석하느냐다. 같은 폭풍 속에서도 어떤 이는 무너지고, 어떤 이는 더 강해진다.

삶은 우리가 겪은 모든 순간의 합이다. 그 순간들은 우리를 빚어내는 조각칼이기도 하다. 때로는 깊게 파이고 아프지만, 결국 그것들이 모여 지금의 나를 만들어간다. 그 조각칼을 어떻게 다루느냐에 따라 우리의 모습도 달라진다.

당신의 삶은
누구의 것인가

어떤 사람은 자기 삶을 스스로 살지 않고, 타인의 기대나 압력에 눌려 하루하루를 버틴다. 그는 자기만의 신념이 없고, "아니오"라고 말할 용기도 없다. 위기가 닥치면 가장 먼저 희생되는 사람은 늘 그였다. 사람들의 비난과 외면이 두려워서, 결국 자기 삶에서 주인공이 아닌 조연으로 머무르고 만다.

주변 사람들은 그의 나약함을 금방 알아챈다. 그래서 그를 영웅처럼 포장하거나, 심지어 순교자로 추켜세운다. 하지만 정말 아이러니한 건, 그는 단 한 번도 진심으로 "예"라고 외쳐본 적이 없다는 사실이다. 그의 내면에서 "아니오"가 울부짖고 있었음에도, 입 밖으로는 "예"만 내뱉었다. 그리고 마지막 순간조차도 그는 자신의 의지가 아닌, 타인의 기대 속에서 무너졌다.

세상은 그의 죽음을 고귀한 희생으로 미화했다. 용감한 선택이라고 칭송했으며, 그의 이야기를 세상에 알렸다. 하지만 실상 그 죽음은 자기 신념에서 비롯된 것이 아니었다. 그는 단지 타인이 정해준 역할을 끝까지 연기했을 뿐이었다.

진정한 용기는 타인의 시선에 휘둘리지 않고, 내면의 진실에 따라 행동하는 것이다. "아니오"라고 말할 용기가 있을 때 비로소 우리는 스스로를 지킬 수 있다. 삶은 남이 써 놓은 각본을 연기하는 무대가 아니라, 스스로 각본을 쓰고 걸어가는 여정이다. 당신은 누구의 조연이 아니라, 스스로의 주인공이 돼야 한다.

틀렸다는 사실을 받아들이는 법

사람은 누구나 실수하기 마련이고, 특히 다른 사람을 단정 지을 때 실수하기 쉽다. 그런데 정말 흥미로운 건, 자신이 틀렸다는 사실이 밝혀졌을 때의 반응이다. 많은 사람이 화를 내거나 방어적으로 나온다. 왜 그럴까?

사실 그 분노는 타인에게 가는 게 아니라, 자기 자신에게 쏟아지는 것이다. 내가 틀릴 리 없다고 믿었던 자존심이 상처를 입자, 그 감정을 어떻게든 풀 데가 필요하기 때문이다. 마치 넘어졌는데 바닥이 미워서 발로 차는 것과 같은 이치다.

우리는 실수를 인정하는 일을 어려워한다. 내 판단이 틀렸다고 인정하는 순간, 뭔가 약해지는 기분이 든다. 하지만 곰곰이 생각해보면, 바로 그 인정의 순간이 우리를 훨씬 성숙하게 만든다. 판단이 틀렸다고 해서 우리가 쓸모없는 존재가 되는 것은 아니다. 오히려 잘못을 받아들이고 그 경험에서 배우려 할 때, 진정한 강함이 생긴다.

물론, 이 과정을 받아들이기는 쉽지 않다. 예를 들어, 어떤 사람이 분명 바보일 거라고 확신했다가 오히려 그가 훨씬 더 현명하다는 사실을 알게 된다면, 순간적으로 숨고 싶어질지도 모른다. 하지만 시간이 흐르면, 그때는 내가 조금 어리석었었다며 가볍게 웃어넘길 수 있게 된다.

결국, 누구도 완벽하지 않다. 틀렸다는 걸 인정하는 건 자존심을 버리는 게 아니라, 오히려 우리 자신을 더 여유롭게 해주는 일이다.

주어진 길은 없다

우리는 종종 순간의 이익에 끌린다. 맛있는 음식을 보면 망설임 없이 손이 가고, 쉬워 보이는 길이 있으면 깊이 고민하지 않고 선택한다. 하지만 그런 선택들만으로 쌓인 삶은 타인의 기준에 맞춰 살아가는 삶이 되기 쉽다. 진정한 성장은 단기적 만족을 넘어, 더 크고 오래 남을 가치를 찾아 나설 때 시작된다. 그 과정에서 자기 의지는 단순한 선택 이상으로 삶을 주도하는 힘이 된다.

많은 사람이 타인의 시선에 얽매여 있다고 하소연하지만, 그건 어쩌면 순간적인 감정에 불과할 수도 있다. 진정한 강자는 자기 의지를 따라 선택하고, 그 선택을 통해 스스로 성장해나가는 사람이다. 중요한 것은 타인의 기대에 맞추려 애쓰는 것보다, 내가 존중받을 만한 사람인지 스스로에게 물어보는 것이다. 모두가 나를 좋아해야 한다는 부담을 내려놓고, 내 안의 기준을 세울 때 비로소 자기만의 길이 시작된다.

여기서 한 걸음 더 나아가자. 이제는 타인의 기대가 아니라, 내가 진심으로 믿고 만들어낸 기준을 따라 살아야 할 순간이다. 이 기준은 밖에서 주어진 것이 아니라, 스스로 고민하고 선택한 것이어야 한다. 자신만의 방향을 찾고, 그 방향을 꿋꿋이 지켜낼 때, 우리는 비로소 진정한 자유를 얻는다. 더 이상 타인의 평가에 휘둘리지 않고, 자신의 의지대로 전진하는 것이다.

인생은 주어진 길을 걸어가는 것이 아니다. 스스로 길을 만들어가는 여정이다. 타인의 기대에 얽매이지 말고, 당신만의 길을 걸어라. 중요한 것은 밖이 아니라, 이미 당신 안에 존재하는 가치다. 그 가치를 따라, 스스로 선택한 길을 당당히 걸어가라.

변화는
불편함에서 시작된다

우리는 익숙한 방식에 의지할 때 안정감을 느낀다. 반복되는 일상 속에서 편안함을 찾고, 과거의 방식을 답습하며 살아간다. 하지만 익숙함은 꼭 안전만을 의미하지 않는다. 때때로 그것은 성장과 변화를 방해하는 장애물이 되기도 한다. 익숙함에 머무르는 순간, 우리는 새로운 가능성의 문을 닫아버리고 만다.

익숙함은 마치 자연스러운 선택처럼 보인다. 에너지를 덜들이고도 원하는 결과를 얻을 수 있고, 이미 검증된 길을 따르는 것이 효율적이기 때문이다. 하지만 진정한 성장은 익숙함을 넘어서는 도전에서 이루어진다. 자기 자신을 끊임없이 넘어서는 용기, 그것이야말로 진짜 변화의 본질이다. 편한 길만 택하기보다, 더 나은 나를 위해 불편한 길을 선택하는 것. 바로 거기서부터 자기 확장이 시작된다.

익숙함이란 결국 오랜 시간 축적된 결과일 뿐이다. 새로운 시도는 처음엔 낯설고 어색하게 느껴지지만, 그 과정을 통해 우리는 더 단련되고 시야가 넓어진다. 무엇보다 선택의 자유를 얻게 된다. 익숙함을 뛰어넘는 건 단순한 변신이 아니라, 더 큰 가능성을 향해 문을 여는 일이다.

자신을 뛰어넘을 때, 우리는 익숙한 틀에서 벗어나 더 큰 세계로 나아갈 수 있다. 어렵고 낯설게 느껴지더라도, 그 한계를 넘는 순간 새로운 자유를 경험하게 된다. 그러니 오늘, 조금이라도 낯선 길에 발을 디뎌보자. 그 안에 당신이 미처 보지 못했던 새로운 가능성이 숨어 있을 것이다.

자신만의
기준을 세워라

우리는 가끔 원치 않는 상황에서 반사적으로 행동한다. 그러고는 나중에 스스로를 합리화하며 결국 이 선택은 내가 한 거라고 자신을 납득시킨다. 하지만 실제로는 생존 본능이 이끄는 경우가 많다. 이를 인정하는 순간, 우리는 삶과 인간의 본질을 조금 더 깊이 이해하게 된다.

과거를 돌아보자. 생존을 위해 치열하게 싸웠던 옛날 사람들의 모습을 지금 기준으로 보면, 잔인하고 비합리적이라고 판단할지도 모른다. 하지만 그들은 그들이 처한 환경에서 최선을 다했을 뿐이었다. 강자와 약자가 부딪히는 일은 언제나 생존의 기본 원칙이었다. 그러니 그들을 함부로 비난하기도 어렵다. 모든 행동은 나름의 이유가 있기 때문이다.

우리가 당연하다고 여기는 규칙과 가치관들도 마찬가지다. 어릴 적 손을 씻으라거나 숙제를 하라는 말을 들을 때면 답답하게 느껴졌지만, 결국 그 습관들이 우리를 더 건강하고 나은 사람으로 만들었다는 걸 뒤늦게 깨닫게 된다. 삶의 기준도 이와 같다. 처음엔 귀찮고 거부감이 들 수 있지만, 시간이 흐르면 우리의 사고방식과 태도를 형성하는 중요한 틀이 된다.

하지만 문제는, 그 틀에 갇혀버리는 순간이다. 습관이 태도를 만들고, 태도가 기준이 될 때, 우리는 점차 익숙한 것에 안주하게 된다. 하지만 삶은 고정된 틀이 아니라, 끊임없이 변화하는 흐름이다. 따라서 주어진 규칙을 따르는 것으로 끝내선 안 된다.

세상은 끊임없이 변하고, 당신 역시 마찬가지다. 그러니 자기 안의 가능성을 의심하지 마라. 무엇이 당신을 옭아매고, 무엇이 당신을 앞으로 나아가게 하는지 탐구하라. 틀을 배우되, 그 틀에 갇히지 마라. 그리고 그 과정 속에서 스스로 선택한 기준과 원칙을 세워라.

중요한 것은
"이제 어떻게 할 것인가"

우리는 종종 정의에 대해 말한다. 대개 정의로운 행동이란 모두가 공평하게 대우받는 것이라고 생각하지만, 사실 정의는 과거를 심판하려고 만들어진 것이 아니다. 더 나은 미래를 이끌어내기 위한 도구일 뿐이다.

칭찬과 꾸중을 떠올려 보자. 우리는 누군가를 칭찬할 때 정말 잘했다고 말하지만, 그 속에는 다음에도 이렇게 해줬으면 좋겠다는 기대가 담겨 있다. 꾸중도 마찬가지다. 단순한 비난이 아니라, 앞으로는 더 나은 행동을 보여 달라는 무언의 요구가 숨어 있다.

이런 맥락에서 보면, 칭찬과 꾸중은 과거를 평가하려는 행위가 아니라, 앞으로의 행동을 바꾸기 위한 수단이다. 결국 정의도 마찬가지다. 정의는 과거를 응징하려고만 존재하는 게 아니라, 더 나은 미래를 만드는 데 목적이 있다. 우리가 누군가를 '정의롭게' 꾸짖거나 벌할 때도, 더 나은 결과를 기대하기 때문이다.

그렇다면 과거에 얽매여 후회하는 대신, 이제 어떻게 할 것인지 스스로에게 묻는 태도가 필요하다. 괴로워야 할 것은 지난 실수가 아니라, 그 실수를 되풀이하지 않기 위해 내가 무엇을 할 수 있는지에 대한 고민이다.

결국 중요한 것은 과거가 아닌 미래다. 죄책감이나 후회에 빠지기보다, 지금 이 순간 어떤 방향으로 나아갈지를 선택하는 편이 훨씬 의미 있다. 삶은 과거를 심판하는 무대가 아니라, 가능성을 찾아가는 과정이니까.

고통을
피하지 말고 마주하라

고통과 어려움은 누구에게나 찾아온다. 피하고 싶어도 피할 수 없다. 중요한 건 우리가 그것을 어떻게 대하느냐다. 한 가지 방법은 고통의 원인을 없애려 애쓰는 것이고, 또 다른 방법은 그 고통을 받아들이고 그 안에서 의미를 찾는 것이다. 특히 후자는 고통을 피해야 할 대상이 아니라, 성장의 기회로 보게 만든다.

종교나 예술은 이런 과정에서 큰 역할을 한다. 종교는 종종 고통에 의미를 부여해 우리를 위로한다. 신은 사랑하는 자를 시험한다는 말이 그 대표적인 예다. 예술, 특히 비극은 고통 속에서도 아름다움을 발견하는 법을 가르쳐준다. 무대 위 인물들의 비극을 보면서, 우리는 공감과 해방감을 느끼며, 어쩌면 내 삶도 이만하면 꽤 괜찮은 것 아닐까 하고 생각하게 되기도 한다.

하지만 이런 방식에도 위험은 있다. 고통을 그저 이해하고 위로만 받다가, 정작 해결하려는 의지를 잃어버릴 수도 있기 때문이다. 단지 위안에만 의존하면 변화의 기회를 놓칠 수 있다.

현대 사회는 고통을 받아들이기보다 해결에 더 초점을 맞춘다. 예전 같으면 비극 시인이나 사제가 고통에 의미를 부여하고 위안을 주었다면, 지금은 그 원인을 찾아내어 없애려 한다. 이는 인간이 스스로 삶을 바꿔나가려는 태도의 반영이기도 하다.

결국 인생의 고통 앞에서 어떤 선택을 할지는 우리 자신에게 달렸다. 고통을 견디며 의미를 찾을지, 아니면 그 원인을 뿌리째 없애려고 할지. 어느 쪽을 택하든, 중요한 건 고통을 외면하지 않는 태도다. 그 속에서도 더 나은 삶을 꿈꾸고, 가능성을 놓치지 않는 것. 그것이야말로 인간이 가진 가장 큰 힘이다.

고통 없는
성장은 없다

누구나 살다 보면 견딜 수 없을 만큼 힘든 순간을 맞닥뜨린다. 믿었던 일이 어긋나고, 소중했던 무언가가 사라지며, 열심히 노력했던 결과가 헛되게 느껴질 때, 우리는 무너질 것만 같다. 하지만 고통이란 단순한 시련이 아니다. 그것은 우리를 더 단단하게, 더 나은 존재로 이끌기 위한 과정이다.

어떤 사람들은 시간이 지나면 괜찮아질 거라고 말한다. 물론 시간은 상처를 희미하게 만들 수 있다. 하지만 정말 중요한 건 그 시간을 어떻게 견디고, 무엇을 배우느냐이다. 도망치듯 잊으려 하기보다, 고통의 이유를 직면하고 그 안에서 성장의 기회를 찾는 것이 훨씬 더 큰 힘을 준다.

가끔은 모든 것이 무너진 듯 공허해질 때도 있다. 기대했던 일들이 무너지고, 믿었던 사람들이 떠나가며, 세상이 허무해 보일지도 모른다. 그러나 이 순간을 견딜 때, 우리는 진짜 강해진다. 고통을 애써 피하려 할수록 더 깊이 빠져들 뿐이다. 결국 고통을 있는 그대로 마주하고, 그것을 내 일부로 받아들이는 데서 진정한 해결이 시작된다.

물론 무조건 버티라는 뜻은 아니다. 힘들면 잠시 쉬어가도 된다. 로마 시인 호라티우스는 소나무 아래에서 흥겨운 포도주를 기울이지 않는 이유가 무엇이냐고 물었다. 가장 힘든 때일수록, 잠깐의 휴식과 작은 기쁨을 찾는 일도 필요하다. 그러나 그 순간에도 다시 나아갈 준비를 잊어선 안 된다.

고통은 성장의 신호다. 그것을 넘어설 때, 우리는 예전보다 더 단단해진 자신을 발견하게 된다. 그러니 힘든 일이 찾아왔을 때, 왜 하필 나라고만 생각하기보다, 이 고통을 어떻게 성장의 발판으로 삼을 수 있을지 고민해보자.

우리를 무너뜨리는 것은 고통 자체가 아니라, 그것을 피하려는 마음이다. 고통을 정면으로 마주하고, 그 안에서 배운 것들을 삶의 원동력으로 바꿀 때, 우리는 한 단계 더 성장할 수 있다.

자신과 마주하라

우리는 누구나 더 나은 사람이 되고 싶어 한다. 그러나 변화는 멀리 있는 것이 아니다. 진정한 변화의 시작은 자기 자신과 솔직히 마주하는 데서 시작된다. 자신의 욕망과 갈등, 부족함을 인정하고, 그것을 디딤돌 삼아 앞으로 나아가는 과정 속에서 우리는 점차 단단해진다.

첫걸음은 스스로에게 내가 정말 원하는 것이 무엇인지, 이 욕망이 어디를 향해야 하는지 질문하는 것이다.

이것은 자신을 억누르기 위한 시도가 아니다. 오히려 있는 그대로 받아들이고, 부족함을 인정하며 새로운 길을 모색하는 과정이다. 부족함은 약점이 아니라 변화의 신호다. 내가 아직 부족하다는 걸 인정하고, 그렇다면 더 나아지면 된다고 스스로를 다독이며 전진하는 태도가 중요하다.

살다 보면 누구나 지치고 권태로울 때가 있다. 대부분은 그 상태를 그냥 흘려보내지만, 진정으로 성장하려는 사람들은 그 지친 마음마저 정면으로 마주한다. 그리고 그 안에서 새로운 가능성을 찾아낸다. 심지어 스스로에게 실망하는 순간조차도, 성장의 밑거름이 될 수 있다. 지금은 부족할지라도, 그렇다면 더 해볼 수 있다는 긍정적인 태도가 다시 앞으로 나아갈 힘을 준다.

물론, 이 과정이 늘 순탄한 건 아니다. 욕망을 억누르려다 다시 흔들리기도 하고, 받아들이려다 혼란스러울 수도 있다. 하지만 그런 혼란 속에서 균형을 찾아가는 과정이 결국 우리를 더 성장하게 만든다. 모든 게 무너지는 순간에도 새로운 출발을 꿈꿀 수 있는 이 마음가짐이, 우리를 더 나은 길로 이끈다.

흔들려야 나아간다

우리는 종종 평범한 삶 속에서 안도감을 찾는다. 물론 위로를 받는 것은 소중하다. 하지만 위로만으로는 더 나아갈수 없다. 삶은 끊임없이 변화를 요구하고, 그 변화 속에서우리는 비로소 깊어지고 단단해진다. 고민하고 갈등하는 순간이야말로 새로운 나를 만들어가는 소중한 과정이다.

모든 사람은 결핍을 안고 살아간다. 그러나 그 결핍을 애써 숨기고 완벽해 보이려 한다고 해서 진짜 온전해지지는않는다. 진정한 극복은 스스로의 부족함을 인정하고, 하나씩 넘어서는 용기에서 시작된다. 흔들리더라도, 그 순간에자신을 새롭게 조각해나가야 한다. 넘어지더라도, 그 경험을 토대로 더 넓은 길을 열어가야 한다.

지금 모습에 안주하지 마라. 이대로도 괜찮다는 말은 때로 더 나은 자신을 찾아가는 기회를 가로막는다. 중요한 건 완벽해지는 게 아니라, 계속 변화하고 깊어지는 것이다. 흔들리는 순간이 찾아오면 피하지 말고 정면으로 맞서라.

그러니 오늘, 스스로에게 물어보자. 나는 지금, 새로운 나를 향해 나아가고 있는가? 흔들림 속에서도 더 넓은 가능성을 찾고 있는가?

완벽할 필요는 없다. 하지만 어제의 나와는 달라야 한다.

Part 2

당신이 만나는 모든 얼굴이
당신을 만든다

인간관계와 감정 조절에 관한
31가지 방법

감정의
지배자가 되어라

지금 느끼는 감정은 단순히 순간적인 반응이 아니다. 오래전부터 당신 안에 쌓여 있던 기억과 감정들이 되살아난 것이다.

하지만 감정이 어디서 왔는지는 크게 중요하지 않다. 그 감정을 어떻게 다룰 것이냐가 더 중요하다.

기쁨 속에는 과거의 작은 행복이 깃들어 있고, 두려움 뒤에는 이전의 상처와 실패가 숨어 있다.

중요한 건, 당신이 그 감정에 휘둘릴 것인가, 아니면 그 감정을 스스로의 힘으로 다스리고 변화시킬 것인가 하는 점이다.

감정을 단지 받아들이는 것만으론 충분하지 않다. 과거의 기억은 언제든 당신을 흔들 수 있다. 그러나 그 흔들림 속에 머무를 것인지, 아니면 앞으로 나아갈 것인지는 결국 당신의 선택이다.

그러니 감정을 분석하는 데만 머무르지 마라. 그 감정을 발판 삼아 더 성장하고, 더 단단한 존재로 거듭나라.

감정은 당신을 흔들기 위해 존재하는 게 아니다. 당신이 더 나아가기 위한 재료가 돼야 한다.

감정은 때때로
당신을 속인다

사람들은 강렬한 감정을 느낄 때, 그것이 곧 진실이라고 믿는다. 이렇게까지 느껴지는데 진짜가 아니면 무엇이겠냐고 생각한다.

하지만 정말 그럴까? 감정이 강렬하다고 해서 그것이 진짜 진실일까, 아니면 잠시 도파민에 취해 있는 걸까?

화가 나면 세상이 다 틀려 보이고, 슬플 땐 모든 게 끝난 것처럼 느껴지며, 사랑할 땐 그 사람이 전부처럼 보이기도 한다.

그러나 감정은 변한다. 어제의 분노도, 오늘의 눈물도, 시간이 흐르면 희미해진다. 그렇다면 그 강렬했던 감정은 정말 '진짜'였을까, 아니면 그 순간에만 그렇게 보였던 걸까?

강렬한 감정이 중요한 이유는 우리를 움직이게 만드는 동력이 되기 때문이다. 하지만 감정에 휩쓸려 판단하면, 결국 후회만 남는다.

지금 감정이 너무 강해서 길을 잃었다면, 이 감정이 사라진 뒤에도 같은 결정을 내릴지 스스로에게 물어보자.

감정을 외면하지 말되, 그 감정에 휘둘리지 않을 힘을 길러라. 감정의 소용돌이 속에서 길을 잃지 말고, 스스로 다스리며 나아가라.

판단을 내려놓는 순간

우리는 언제나 가치를 판단하려 애쓴다. 하지만 내가 내리는 이 판단이 정말 정확한지 스스로에게 묻는다면, 답은 간단하다. 아마 아닐 것이다.

왜냐하면 우리의 시각, 기준, 판단 방식은 결코 완벽하지 않기 때문이다.

누군가를 평가할 때, 우리는 그 사람을 얼마나 제대로 이해하고 있을까? 매일 만나는 가족이나 친구조차 완벽하게 이해하기 어렵다. 결국 우리가 내리는 판단은 불완전한 정보 위에서 내린 짧은 요약일 뿐이다. 요약은 빠르고 간단하지만, 오히려 본질을 놓치기 쉽다.

또 우리의 기준도 믿을 만한가? 기분이 좋을 때와 나쁠 때, 운이 좋을 때와 나쁠 때, 우리의 기준은 고무줄처럼 늘었다 줄었다 한다. 그럼에도 마치 변함없는 진리인 양 세상을 평가하려 든다.

그렇다면 판단을 내려놓으면 어떨까? 혐오나 편애 없이, 있는 그대로 받아들일 수 있다면 말이다. 물론 쉽지 않다. 인간은 본능적으로 무언가에 끌리거나 거부감을 느끼도록 설계돼 있다.

하지만 우리가 본질적으로 불완전하고, 비논리적이며 모순적이라는 사실을 인정하는 순간, 오히려 더 깊은 인간다움을 이해하게 된다. 불완전함은 약점이 아니라, 우리를 인간답게 만드는 조건이다.

때로는 판단을 멈추고, 삶을 그 자체로 느껴보자. 세상이나 자신을 평가하기보다는, 그저 받아들이는 연습을 해보자. 불완전한 세상 속에서도 충분히 아름답고 찬란한 순간들이 기다린다. 우리가 모든 판단을 내려놓는 그 순간, 진짜 '인간다움'을 만날지도 모른다.

지나치게 판단하지 말아라

사람을 깊이 이해하려는 노력은 귀중하다. 누군가의 생각과 행동을 관찰하고 이해하면, 우리 삶도 더 가벼워지고 활력을 얻는다. 그러나 이 과정이 항상 달콤한 결말로 이어지는 건 아니다.

너무 깊이 들여다보면 위험이 따른다. 커피잔 속의 설탕을 끝까지 쪼개다 보면, 정작 커피 자체의 맛을 잃어버리는 것처럼. 사람의 약점이나 실수를 지나치게 분석하고 비판하다 보면, 그에 대한 믿음과 애정이 깨질 수 있다.

사람은 기본적으로 선하다는 믿음은 함께 좋은 관계를 맺고, 더 나은 사회를 만드는 데 중요한 기반이 된다. 하지만 이 믿음이 흔들리면, 우리는 냉소적이 되기 쉽고, 냉소는 곧 고립으로 이어진다.

예를 들어, 역사 속 위대한 인물들을 보자. 그들을 지나치게 파헤치기보다, 그들이 보여준 이야기에서 영감을 얻고, 나 자신을 발전시키는 편이 훨씬 낫다. 그런 태도가 서로를 신뢰하고 협력하는 데 도움을 준다.

물론 인간의 본성을 들여다보는 일도 필요하다. 프랑스 귀족 작가 라 로슈푸코는 '사람들이 미덕이라 부르는 것은 종종 자기 욕망을 포장한 것'이라고 말했다. 이런 시각은 우리가 믿어온 가치들을 다시 돌아보게 만든다. 하지만 모든 진실이 반드시 좋은 결과를 가져오는 것은 아니다. 때로는 진실이 마음의 평온을 무너뜨리기도 한다.

계속 약점과 실수를 들춰내면 관계는 깨지고, 신뢰도 무너진다. 결국 냉소만 남을 뿐이다.

어쩌면 우리는 믿음을 택해야 할 때가 더 많을지도 모른다. 상대방의 단점을 꾸짖기보다, 장점을 키우고 응원해주는 편이 나을 수 있다. 서로의 실수를 지적하기보다 그 안에서 긍정적인 면을 발견해보자.

사람을 이해하는 목적은 그들을 판단하거나 재단하려는 게 아니다. 함께 성장하기 위해서다. 우리는 모두 불완전한 존재이므로, 서로를 더 많이 신뢰하고 함께 나아가는 법을 배워야 한다.

다음에 누군가의 단점이 보일 때, 이 사람에게도 멋진 가능성이 있을 거라고 생각해보자. 그리고 그 가능성을 믿고 키워주는 쪽을 선택하자.

이해하기
어려운 사람을 마주할 때

어떤 사람들은 쉽게 이해가 안 된다. 너무 자기중심적이거나, 타인을 배려하지 않거나, 감정을 통제 못하는 모습을 보일 때, 우리는 속으로 저 사람은 왜 저럴까 하고 생각한다.

하지만 차분히 들여다보면, 그들의 모습 속에 과거의 우리가 있을지도 모른다. 그들을 통해 우리는 예전의 나를 돌아보고, 지금은 얼마나 달라졌는지 알 수 있다.

사실 우리도 완벽하지 않았다. 한때는 감정 조절이 안 돼서 후회하는 일도 있었고, 경솔한 행동으로 스스로를 곤란에 빠뜨린 적도 있었다. 하지만 시간이 흐르며 인내심과 책임감, 배려심을 조금씩 배워왔을 뿐이다. 마치 서툰 아이가 점점 어른이 되어가는 것처럼.

그렇다고 과거의 흔적이 완전히 사라진 건 아니다. 지금도 사소한 일에 예민하게 반응하거나, 감정을 주체 못할 때가 있다. 하지만 그걸 부정할 필요는 없다. 중요한 건 스스로를 이해하고, 조금씩이라도 나아지려 하는 노력이니까.

다른 사람도 마찬가지다. 이해하기 힘든 행동을 하는 사람을 볼 때, 그가 단순히 '이상한 사람'이 아니라 아직 배워가는 중인 사람이라고 생각해보면 어떨까? 우리도 성장했듯이, 그들도 언젠가 달라질 수 있다.

세상을 조금 더 여유롭게 보자. 지금 완벽하지 않다고 해서, 영원히 변하지 않는 건 아니다.

감사는
우리를 더 강하게 만든다

진정으로 강한 사람은 감사할 줄 안다. 감사는 예의를 차리는 게 아니라, 누군가가 내 삶에 의미있는 영향을 주었다는 사실을 솔직히 인정하는 것이다.

강한 사람은 받은 도움을 거기서 끝내지 않고, 감사함을 표현하며 관계를 이어나간다. 감사하는 순간, 마음과 마음이 연결되고 새로운 관계가 시작된다.

감사는 우리를 더 강하게 만든다. 고마움을 표현한다는 건 누군가가 내 삶을 일으켜 세우는 데 도움을 줬다는 걸 겸손히 받아들이는 일이다. 이는 나를 낮추는 게 아니라, 서로를 함께 더 높은 곳으로 끌어올리는 힘이다. 서로 손을 맞잡고 사다리를 오르는 것처럼, 감사는 함께 성장하는 발판이 된다.

반대로, 감사할 줄 모르는 사람은 스스로를 고립시킨다. 마음을 닫으면 세상과 단절되고, 점점 더 외로워진다. 하지만 감사는 마음을 열게 만들고, 관계를 깊고 풍요롭게 바꿔준다. 작은 씨앗도 햇빛과 물을 받으면 꽃을 피우듯, 감사는 우리 삶을 더 따뜻하고 단단하게 한다.

그러니 감사를 표현하는 걸 망설이지 말자. 굳이 말 안 해도 알 거라는 생각은 접어두자. 작은 고마움이라도 진심을 담아 전하면, 세상은 조금 더 따뜻해지고, 당신도 한층 단단해진다.

결국 감사는 남을 위한 듯 보이지만, 나 자신을 더 나은 방향으로 이끄는 가장 확실한 길이다.

친구가 힘들 때
우리가 할 수 있는 일

친구가 어려움에 처하면, 우리 마음도 따라 흔들린다. 가까운 사람이 아프면, 그 고통이 그대로 전해지는 것처럼 느껴지기도 한다. 이것은 단순한 동정이 아니라, 그만큼 깊이 연결되어 있다는 증거다.

그러나 친구의 아픔을 대신 짊어질 순 없다. 도와주고 싶어도, 우리 힘으로 해결할 수 없는 문제가 많다. 그래서 더 안타까운 순간이 찾아온다. 이 아픔을 나눠 가질 수 있다면 좋을 텐데. 그렇게 생각하는 순간, 사랑이란 얼마나 애틋하면서도 무력한 감정인지 깨닫게 된다.

그렇다고 우리가 친구의 고통을 무조건 대신 떠안을 필요는 없다. 때로는 곁에 있어 주는 것만으로 충분하다. 위로란 결국 말이 아니라 곁에 남아 주는 태도에서 비롯된다.

네가 괜찮아질 때까지 곁에 있겠다고 말하는 그 단순한 마음이, 때로는 친구에게 가장 큰 힘이 된다.

그러니 친구가 힘든 시간을 겪을 때, 너무 조급해하지 말자. 모든 걸 해결해 주려 애쓸 필요도 없다. 진심 어린 관계 자체가 치유의 시작이다.

그리고 기억하자. 예전에 우리가 힘들 때, 그 친구도 같은 마음으로 우리 곁에 있어 주었음을.

공감은
나를 지키면서 나누는 것이다

타인의 아픔에 공감하는 것은 인간이 가진 가장 따뜻한 감정 중 하나다. 하지만 그 마음이 너무 커지면, 오히려 나 자신이 지치고 무너질 수도 있다. 마치 친구의 감기를 걱정하다가 내가 더 심한 독감에 걸리는 것처럼, 지나친 배려는 나를 힘들게 할 수 있다.

종교에서도 이런 모습을 종종 본다. 예수를 깊이 믿는 사람 중에는 그의 고난을 자기 것처럼 느끼려 하는 이들이 있다. 하지만 누군가의 고통에 너무 깊이 빠져들면, 감정적으로 지쳐 버릴 수 있다.

진짜 공감은 나를 희생하는 게 아니라, 나를 지키면서도 타인과 연결되는 것이다. 내가 무너지면, 상대에게도 온전한 도움을 줄 수 없기 때문이다.

그러니 먼저 내가 단단해지는 게 중요하다. 스스로를 돌보지 못하면, 진심 어린 배려는 오래 지속되기 어렵다. 오히려 내가 강해질수록, 그 따뜻함도 더 힘을 발휘한다.

때로는 나도 쉬어야 할 때가 있다고 생각해보자. 내가 정신적·감정적 에너지를 챙기지 않으면, 돕고 싶어도 돕지 못한다.

결국, 타인을 위로하고 싶다면 내가 먼저 강해져야 한다. 내가 무너지지 않으면서도 상대와 함께 걸어갈 때, 그 마음은 더 오래, 더 멀리 간다.

기쁨은
나눌수록 커진다

인간관계에서 가장 중요한 것은 서로에게 기쁨과 위안을 주는 일이다. 마음속 보물을 꺼내 나누는 것처럼, 함께 나눌 때 더 커진다.

가끔은 이런 걱정을 하게 된다. 소중한 마음을 너무 자주 표현하면 혹시 그 감정이 희미해지는 건 아닐까 하고 스스로에게 묻게 된다.

하지만 그것은 기우에 불과하다. 기쁨과 위안은 나눌수록 커진다. 작은 웃음소리 하나, 짧은 격려의 말 한마디도 상을 뒤흔들 만큼 큰 힘이 될 수 있다.

반대로, 표현을 아끼고 망설이다 보면 그 기회는 사라진다. 마치 양초를 켰을 때 방 안이 환해지듯, 기쁨을 나눌 때 우리 관계도 더 밝아진다.

이 말을 언제 전할지 망설이다가 순간을 놓치면, 결국 그 마음은 전해지지 않는다. 기쁨과 위안은 아낄 대상이 아니라, 지금 바로 나눠야 한다.

표현하지 않은 마음은 의미가 없다. 기쁨은 나눌 때 비로소 깊어진다.

당신의 미소가
세상을 밝힌다

친절이란 특별한 게 아니다. 따뜻한 눈맞춤, 사소한 미소, 짧게 건네는 "수고했어요" 같은 말에서 시작된다. 이 작은 행동들이 만들어내는 힘은 생각보다 훨씬 크다.

친절은 말과 행동 이상의 것, 우리 삶을 더 나아지게 만드는 에너지다. 사회에서 맡은 역할을 잘 해내는 것도 중요하지만, 그 과정에서 보여주는 따뜻함이 사람들의 마음에 더 오래 남는다. 가정에서도 그렇다. 소소한 다정함이 가족 관계를 더 깊고 단단하게 만든다. 때론 묵묵한 헌신보다 밝은 표정과 다정한 말이 더 큰 힘을 발휘하기도 한다.

우리 주변을 둘러보면, 이런 작은 친절을 종종 발견할 수 있다. 엘리베이터 문이 닫히기 직전에 다시 한 번 열어주는 행동, 바쁜 와중에도 상대방을 생각하는 짧은 말 한마디. 이런 사소한 순간들이 모이면, 세상은 단지 '버텨내야 하는 곳'이 아니라, 함께 살아가는 따뜻한 공간이 된다.

그러니 친절을 아끼지 말자. 친절은 나눈다고 줄어드는 것이 아니다. 오히려 번져나가며 더 많은 사람의 하루를 밝힌다. 당신의 작은 배려가 누군가에게 새로운 희망이 될 수 있다. 그리고 그 희망은 또 다른 사람에게 전해진다. 결국, 친절은 우리 모두가 더 나은 세상으로 향하도록 길을 비추는 조용하지만 강한 힘이다.

타인을 진정으로 돕는 방법

누군가에게 동정심을 느끼는 건 자연스러운 일이다. 하지만 그 감정이 우리를 약하게 만들거나, 상대를 지나치게 의존하게 만들지 않도록 주의해야 한다.

우리는 종종 타인의 아픔에 공감하며 돕고 싶어 하지만, 단순히 감정에 휩쓸리기보다는 상대가 정말로 필요로 하는 것이 무엇인지 살펴야 한다. 진정한 도움은 그들이 스스로 문제를 해결할 수 있게 하는 것이지, 대신 해결해주는 게 아니다.

동정은 타인의 고통을 함께 느끼는 데서 그치면 안 된다. 중요한 건 각자가 자기 어려움을 극복할 수 있도록 돕는 것이다. 우리가 먼저 내면을 단단히 세우고 강해진다면, 더 깊은 위로와 힘을 전할 수 있다.

삶은 서로 의지하며 함께 걷는 길이지만, 그 전에 스스로를 단단히 세우는 게 우선이다. 동정은 감정에 빠져드는 게 아니라, 함께 성장하고 강해지는 과정이어야 한다.

그러니 진정한 위로를 전하고 싶다면, 먼저 당신 자신부터 단단해져라. 당신의 따뜻한 마음이 상대를 의존하게 만드는 게 아니라, 스스로 더 강해지도록 돕는 진짜 힘이 될 때, 그것이야말로 진정한 위로일 것이다.

거짓말 잘하는 사람을
조심하라

거짓말을 잘하는 사람들에게는 공통점이 있다. 그들은 자신의 거짓말조차 진실처럼 믿는다. 마치 무대에 선 배우가 배역에 완전히 몰입하듯, 자신이 만들어낸 이야기를 그대로 받아들인다.

이렇게 확신에 찬 태도는 주변 사람들을 쉽게 설득하고, 때로는 의심조차 할 수 없게 만든다. 심지어 거짓을 말하는 순간만큼은 본인조차 그것이 거짓임을 잊고 누구보다 진실된 표정을 짓는다.

사람들은 본능적으로 확신에 끌린다. 그래서 자기 확신이 강한 거짓말쟁이는 특히 위험하다. 그들은 단호한 말투, 흔들림 없는 태도, 때로는 눈물까지 동원해 듣는 이가 이것은 진짜라고 믿도록 만든다. 하지만 확신이 강하다고 해서 진실은 아니다.

이런 사람들은 결국 자신뿐만 아니라 주변까지 속이며 문제를 일으킨다. 새로운 사람을 만날 때, 스스로도 믿는 듯한 거짓을 말하는 사람을 조심해야 한다. 그들은 말을 그럴듯하게 꾸며내며, 과장된 경험을 자주 이야기하거나, 일관되지 않은 주장을 반복하는 특징이 있다.

처음에는 매력적으로 보일 수 있지만, 가까워질수록 나도 모르게 진실에서 멀어질 수 있으니 신중하게 살펴야 한다.

진심이
꼭 진실은 아니다

진심으로 말한다고 해서 항상 진실을 말하는 건 아니다. 우리는 종종 진솔함과 진실을 혼동한다.

아이들은 부모의 말을 사실로 믿고, 신앙심 깊은 이들은 교회의 가르침을 절대적 진리라 여긴다. 그러나 진심이 곧 진실이라는 법은 없다. 때로는 진심이 가장 강력한 착각이 될 수 있다.

역사를 보면, 자신의 신념을 위해 목숨까지 건 사람들이 많았다. 하지만 시간이 흐르며 그 신념이 단순한 착각이었음이 드러난 경우도 적지 않다. 그럼에도 우리는 그들이 그렇게 믿었고, 그 신념을 위해 싸웠으니 분명 어떤 의미가 있었을 거라고 스스로를 위로한다. 이는 마치 오래된 러브레

터를 보며 그때는 분명 진심이었겠지 하고 되뇌는 것과 비슷하다.

우리는 때때로 진실을 보면서도, 거기에 희망과 바람을 덧씌운다. 도덕적 행동이 꼭 깊은 깨달음에서 나오는 건 아니고, '영원한 정의'나 '절대 선'이라는 개념도 결국 인간이 만들어낸 환상일 수 있다.

이 사실을 받아들이기는 쉽지 않다. 하지만 진실을 마주하는 데는 용기가 필요하다. 진심이 항상 진실과 일치하는 건 아닐 수 있다는 걸 인정하면, 우리는 더 넓은 시야를 갖게 되고, 더 자유로워질 수 있다.

어쩌면 진실을 찾는다는 건, 우리가 직접 만들어온 믿음과 환상을 하나씩 벗겨내는 과정인지도 모른다.

영원히 사랑한다는
말의 의미

우리는 종종 영원히 사랑한다고 말한다. 영화 속 대사로 들으면 달콤하고 감동적인 약속 같지만, 사실 이 말은 단순한 감정의 고백만이 아니다.

인간의 감정은 변하기 마련이다. 오늘 사랑했던 사람이 내일은 그렇게 사랑스럽지 않을 수도 있다. 그렇기에 감정을 약속하는 건 본질적으로 불확실하다.

그러나 중요한 건 감정보다 행동이다. 사랑은 순간의 감정이 식은 뒤에도 충분히 지속될 수 있다. 결국 사랑이란, 마음 깊숙이 있는 진심을 행동으로 보여주는 것이기 때문이다.

연애 초기에 매일 다정한 메시지를 보내던 사람이, 시간이 흘러도 사랑한다는 말을 자주 전한다면, 그건 단순한 습관이 아니라 그 사람의 마음이 담긴 행동이다.

영원히 사랑한다는 말은 절대 변치 않는 감정을 약속한다기보다 그 관계를 행동으로 지키겠다는 다짐이다.

"나는 지금 당신을 너무나 사랑하고, 이 사랑을 행동으로 증명하겠다. 어떤 상황에서도 내 행동만은 변치 않을 것이다."

결국 영원히 사랑한다는 말은 단지 감정을 표현하는 게 아니라, 끝까지 지켜내겠다는 행동의 약속이다.

복수보다
더 좋은 선택

복수를 꿈꾸는 마음은 내면에서 타오르는 불씨와 같다. 처음엔 그 불길이 힘이 되어줄 것처럼 보이지만, 결국은 자기 자신까지 태워버린다.

복수는 상대를 파괴할 뿐 아니라, 그 감정을 품은 나 자신도 고통 속에 가두게 만든다. 결국 복수를 준비한다는 건 상대의 무덤을 파는 동시에, 내 무덤도 함께 파는 일이다.

그렇다면 복수심을 어떻게 다룰까? 우리는 그 감정을 억누르는 대신, 삶을 일으킬 연료로 전환해야 한다. 복수로 타인을 짓밟는 게 아니라, 그 감정을 극복해 내면의 힘으로 바꾸어 자유로워지는 게 더 중요하다.

진정한 자유는 감정에 휘둘리지 않는 선택에서 온다. 복수하지 않는 건 약해서가 아니라, 더 강한 힘을 가진 사람만이 할 수 있는 결정이다.

복수심을 내려놓을 때, 우리는 스스로를 통제할 수 있는 힘을 얻게 되고, 더 나은 길로 나아갈 수 있다. 복수로 얻는 만족은 순간적이지만, 마음의 평화는 더 큰 자유와 가능성을 선물한다.

이제 복수보다 가치 있는 선택을 하자. 감정에 휩쓸리지 않고, 스스로를 더 강하게 만들겠다고 다짐하자.

오늘, 그 무거운 감정을 내려놓고 진짜 성장의 길로 들어서라. 그 길이 당신에게 훨씬 더 많은 것을 가져다줄 것이다.

분노에도
유통기한이 필요하다

다혈질인 사람들은 사소한 상처도 크게 받아들이고, 부당한 상황에 더욱 격렬한 반응을 보이기 쉽다. 분노와 원망 속에서 살다 보면, 결국 그 감정에 갇혀 자기 삶을 스스로 제한하게 된다.

분노는 시야를 흐리게 하고, 진짜 중요한 것들을 놓치게 만든다. 감정에 휩쓸리면 해야 할 일도 뒤로 미루고, 불필요한 실수를 하게 된다.

그렇다면 이 감정을 어떻게 다스릴까? 분노가 내 삶을 개선시키지 않는다면, 그 감정을 에너지로 바꿔 자기 발전을 위해 써야 한다. 내면의 분노를 실천과 성취의 동력으로 전환하는 것, 그게 현명한 사람의 방법이다.

감정은 우리 삶의 일부일 뿐, 우리가 곧 그 감정이 될 필요는 없다. 분노를 영원히 붙들고 있을 이유는 없다. 누군가를 위해서가 아니라, 나 자신을 위해서 분노의 유통기한을 정하라.

그 감정을 언제까지 품을지 스스로 결정하는 순간, 당신은 더 이상 감정의 노예가 아니라 감정을 다스리는 사람이 된다.

타인의 성공을
비웃지 마라

우리는 종종 타인을 깎아내리며 자신을 위로하는 습관을 갖고 있다. 친구가 새로운 사업으로 성공했다는 소식을 들으면, 속으로 운이 좋았겠지, 어쩌면 뭔가 구린 게 있을지도 몰라 하고 생각하곤 한다.

이는 자기가 뒤처졌다는 불안을 감추는 방어기제다. 잠깐은 위로가 될지 몰라도, 이런 습관은 우리를 더 나은 사람으로 만들어주지는 않는다.

타인을 낮추는 동안, 우리는 스스로를 높이는 법을 배우지 못한다. 남을 깎아내리는 데 익숙해지면 인간관계도 점점 얕아지고, 결국 스스로를 고립시킬 가능성이 커진다. 마치 내가 만든 탑 위에서 세상을 내려다보는 듯하지만, 그 탑은 속이 비어 있을 뿐이다.

　진정한 자존감은 다른 사람의 약점을 들춰내는 데서 오지 않는다. 자신을 있는 그대로 받아들이고, 부족함을 성장의 기회로 삼을 때 비로소 단단해진다. 남의 성공을 질투하기보다, 축하해줄 수 있는 여유야말로 당신을 더 매력적인 사람으로 만든다.

　물론 말처럼 쉽지는 않다. 누군가가 성공하는 모습을 보면, 나는 뭐 하고 있지 하고 자책하게 될 수도 있다. 그럴 땐 스스로에게 이렇게 속삭여보자. 나는 남들과 경쟁하는 것이 아니라, 어제의 나와 경쟁하는 중이라고.

　이 한마디가 불필요한 비교에서 벗어나게 도와준다. 그리고 자신에게 조금의 여유를 허락해보자. 그래, 아직 저 사람처럼 성공하지는 못했지만, 나는 나만의 속도로 단계를 밟아가고 있다고.

　남을 깎아내리지 않고도 충분히 빛나는 방법이 있다. 그건 바로 자신의 성장을 위해 노력하는 것이다. 남의 그림자를 지우려 애쓰지 말고, 스스로의 빛을 더 밝히는 데 집중하라. 결국 그 빛이 당신을 진정으로 높여줄 것이다.

맞받아칠 필요 없다

타인의 분노나 경멸을 꼭 받아줘야 할 필요는 없다. 누군가가 나를 공격한다고 해서, 그들의 감정을 존중하거나 배려해야 하는 것은 아니다.

진정한 자기 극복은 감정을 억누르는 게 아니라, 그것을 스스로의 힘으로 변화시키는 과정에서 나온다.

누군가의 부정적인 감정에 맞서 복수하거나 대립하기보다는, 그 감정을 내 성장의 원동력으로 삼아야 한다. 중요한 건 타인의 기대나 감정에 맞추는 게 아니라, 스스로 단단해져서 새로운 가치를 창조하는 것이다.

우리는 타인의 시선에 얽매여 살 것이 아니라, 자기 자신을 극복하며 살아가야 한다. 진정한 힘은 타인의 평가에 흔들리지 않고, 내 의지로 내 길을 개척하는 데서 온다.

그러니 불필요한 시선에 얽매이지 말고, 당신만의 주관을 따라 인생을 바꿔나가는 길을 선택하라.

넘어진 사람을 일으키는 것보다, 다시는 쓰러지지 않게 하기

우리는 흔히 타인을 돕는 건 선한 일이라고 믿는다. 하지만 진정한 도움은 단순히 고통을 덜어주는 게 아니다.

누군가를 돕는다는 것은 그들이 스스로 강해져 자신의 문제를 해결할 수 있게 하는 것이다.

타인의 아픔을 대신 짊어진다고 그들의 삶이 달라지진 않는다. 오히려 그들이 자기 고통을 직면하고 극복할 수 있도록 힘을 길러주는 일이 더 중요하다. 고통은 누구나 겪지만, 결국 극복하는 건 각자의 몫이다.

우리의 잘못된 선의가 상대의 성장을 막을 수도 있다. 문제를 대신 해결해주는 건 순간적으로 좋아 보이지만, 스스로 해결해볼 기회를 빼앗는 일일 수 있다.

정말 돕는다는 건, 그들이 더 강해지고 스스로 일어설 수 있도록 이끄는 것이다.

진정한 덕목은 타인의 고통을 대신 지는 게 아니라, 그들이 고통을 이겨낼 힘을 갖도록 돕는 것이다. 넘어졌을 때 손을 잡아 일으키는 것보다, 다시는 같은 이유로 쓰러지지 않도록 길을 알려주는 게 더 가치 있는 일이다.

사랑은 왜
우리를 감동시키는가

사람들은 종종 사랑을 정의보다 더 고귀한 덕목이라 말한다. 하지만 가만히 보면, 사랑은 참 어리석게 보이기도 한다. 자격 없는 사람에게도, 고마워할 줄 모르는 사람에게도 아낌없이 마음을 내어주니까.

정말 바보 같은 사랑이라 말하면서도 우리는 결국 그 사랑에 감동한다.

사랑의 매력은 바로 그 계산 없는 어리석음에 있다. 정의는 공정하게 나누라고 하지만, 사랑은 그저 누구에게나 아낌없이 나누라고 말한다.

마치 비처럼, 사랑은 의로운 사람과 불의한 사람을 가리지 않고 조용히 내려와 세상을 적신다.

때론 사랑이 답답하게 느껴질 수도 있다. 왜 저 사람에게 까지 잘해줘야 하냐는 의문이 들 때, 사랑은 이유가 꼭 필요 하냐고 되묻는다.

그리고 우리는 또 한 번 무너진다. 사랑이 정의보다 따뜻 하게 느껴지는 이유는 그 저울 없는 마음 때문이다. 정의는 정교한 저울 같아서 무게가 조금만 어긋나면 기울어버린다. 그런데 사랑은 애초에 저울을 꺼내지도 않는다.

이 무조건적인 태도에서 우리는 따뜻함과 살아갈 희망을 발견한다.

사랑과 희생,
무엇을 위해서인가

사랑과 희생은 늘 깊은 감동을 불러일으킨다. 누군가를 위해 자신을 던지는 모습은 사람들의 마음을 움직이고, 그 행동을 더 고귀하게 보이게 만든다.

하지만 한 번 돌아보자. 사랑과 희생이 아무리 빛나 보여도, 그 대상 자체가 정말 중요한 것인지 생각해볼 필요가 있다.

예를 들어 전쟁터에서 목숨을 바치는 군인들. 사람들은 그들의 희생이 위대한 가치 때문이라고 믿는다. 그러나 이 믿음은 희생이 가져다주는 강렬한 감정이 만든 환상일 수도 있다. 희생이 클수록, 우리는 그 희생이 향하는 방향을 깊이 따져보지 못한다.

사랑도 마찬가지다. 사랑에 빠지면 모든 것이 아름답게 보인다. 하지만 그 대상이 정말 그런 가치가 있는지는 냉정하게 묻기가 쉽지 않다.

사랑과 희생은 본질적으로 숭고하지만, 그것이 반드시 옳은 방향으로 가고 있다고 단정할 수는 없다.

그래서 스스로에게 내가 사랑하고 희생하려는 것이 정말 그만한 가치가 있는지 질문해야 한다.

사랑은 아름답고, 희생은 숭고하다. 하지만 그것이 우리를 어디로 데려가는지를 돌아보지 않는다면, 우리는 잘못된 목표를 위해 모든 걸 바칠 수도 있다.

선한 마음에도
휴식이 필요하다

우리 안의 선함은 끊임없이 흘러가야 할 것 같지만, 가끔
은 잠시 멈춰서 숨을 고를 필요가 있다. 끝없이 선한 일을
계속하려다 보면, 어느새 지쳐서 쓰러질 수도 있기 때문이
다. 아무리 좋은 것도 지나치면 부담이 되는 법이다.

생각해보자. 운동을 쉬지 않고 계속하면 몸이 탈진하듯,
선한 마음도 무리하면 쉽게 지친다. 심지어 너무 지쳐서 내
가 왜 이렇게까지 해야 하지 하고 회의감이 들 때도 있다. 그
러니 선한 행동에도 잠깐의 휴식이 필요한 건 당연하다.

재충전한 마음은 새롭게 채워진 에너지와도 같다. 충분히
쉰 뒤 다시 시작한 마음은 이전보다 더 힘차고, 더 깊은 울
림을 줄 수 있다. 물론, 당신이 잠시 쉬는 동안 세상이 조금

거칠어질 수도 있다. 하지만 걱정하지 마라. 당신이 다시 일어설 때, 그 선한 마음은 더욱 귀하고 밝게 빛날 테니까.

부끄러움은 생각이 아니라
시선에서 온다

우리는 가끔 엉뚱하거나 외설적인 상상을 해도 별로 신경 쓰지 않는다. 인간이라면 누구나 할 수 있는 자연스러운 감정이니까. 그런데 문제는 그 생각 자체가 아니다. 진짜 문제는 이걸 누군가가 알게 되면 어떡하지 하는 두려움이 찾아왔을 때 생긴다.

부끄러움은 내가 품은 생각 자체보다, 그것이 타인의 시선에 어떻게 비칠지에 대한 불안에서 비롯된다. 마치 누군가 내 마음을 훔쳐볼 것만 같은 기분 말이다.

흥미로운 건, 부끄러움이 실제 우리의 생각이 아니라 타인의 상상력에 달려 있다는 사실이다. 무슨 생각을 했는지보다, 타인은 나를 어떻게 볼지에 대한 두려움이 더 크게 작용한다. 결국 우리가 두려워하는 건 우리의 진짜 모습이 아니라, 타인이 만들어낼 우리의 이미지일 수도 있다.

그렇다면 이렇게도 생각할 수 있다. 내 생각이 내 안에만 머문다면 문제될 게 없는 것 아닌가. 맞다. 하지만 인간은 본능적으로 타인과 연결되길 원하면서도, 동시에 그 시선과 평가를 두려워하는 모순을 지니고 있다.

결국 부끄러움은 타인의 시선을 의식하는 데서 생긴다. 하지만 그 덕분에 우리는 스스로를 조금 더 솔직하게 들여다볼 기회를 얻는다. 그러니 다음에 부끄러움을 느낀다면 스스로에게 이렇게 말해보자. 잘못된 것은 내 생각이 아니라, 내가 너무 사람들의 눈치를 보고 있었다는 사실이라고.

그 순간, 부끄러움이 생각보다 훨씬 가볍게 느껴질지도 모른다.

타인의 기대에
맞추지 마라

우리는 흔히 '겸손'을 미덕으로 배워왔다. 타인 앞에서 자신을 낮추고, 억제하라고. 하지만 그들이 말하는 겸손은 결국 내 욕망과 의지를 억누르고 타인의 기준에 맞춰 살아가라는 뜻일 뿐이다.

겸손은 종종 타인을 감동시키기 위한 가면처럼 쓰인다. 그러나 정말 중요한 건 내 안의 열정과 올바른 욕망이다. 왜 내가 굳이 나를 낮춰야 할까? 왜 타인의 기대에 맞춰야 하는 걸까?

지나친 겸손은 인간을 억누르고 본능을 가두려는 사회적 장치에 지나지 않을 때가 많다. 때로 겸손은 스스로를 낮추고 가치를 축소하는 가장 쉬운 방식이다. 하지만 이게 진정한 미덕일까?

진정한 인간은 자기 자신을 부각시켜야 한다. 스스로 원하는 방향으로 나아가야 한다. 맹목적인 겸손은 그냥 자기의지가 없는 상태일 수도 있다. "나는 누구인가?" "나는 무엇을 원하는가?"라는 질문에 뚜렷한 답이 없는 사람들이 택하는 길일 수도 있다.

지나친 겸손은 결국 자신의 가능성을 스스로 제한하는 족쇄가 된다. 진정한 개인이라면 자신의 올바른 욕망과 의지를 억제하지 않는다. 나는 어떤 존재로 살아갈 것인가, 어떤사람이 될 것인가에 대한 결정권은 오직 나에게 있다.

타인의 시선에서
자유로워져라

다른 사람이 나를 어떻게 보는지 신경 쓰는 건 자연스럽다. 사실 긍정적 평가는 현실적인 이득으로 이어지기도 한다. 학생은 선생님의 좋은 평가를 받아야 성적이 오르고, 직장인은 상사의 인정을 받아야 승진 기회를 얻는다. 그래서 우리는 열심히 노력하고, 좋은 인상을 주려 애쓴다.

문제는 그 노력이 '신뢰'나 '호감'을 얻는 것을 넘어, '특별해 보이는 것' 자체에만 집중될 때 생긴다. 여기서 허영심이 슬며시 고개를 든다. 허영심은 단순히 칭찬을 바라는 것이 아니라, 마치 영화 주인공처럼 특별한 존재가 되고 싶어 하는 마음이다.

허영에 사로잡힌 사람은 자기 이미지를 꾸미느라 바쁘다.

하지만 이건 매우 피곤한 일이다. 게다가 이렇게 만든 이미지에 지나치게 의존하면, 언젠가 그것이 무너졌을 때 진짜 자신을 잃어버릴 수도 있다.

그렇다면 과도한 허영에서 벗어나려면 어떻게 해야 할까? 우선, 내가 왜 이렇게 타인의 평가에 집착하는지를 물어야 한다. 내가 진짜 원하는 건 뭘까? 남들이 좋아하는 내 모습일까, 아니면 내가 진정으로 좋아하는 내 모습일까?

이 질문에 솔직해지는 순간, 우리는 타인의 시선에서 조금씩 자유로워질 수 있다. 결국 중요한 건, 만들어낸 이미지가 아니라 진짜 나로 살아가는 것이니까.

남을 돕기 전에,
먼저 나를 돌봐라

어릴 때부터 우리는 남을 돕는 것이 바람직한 삶이라고 배웠다. 이타적인 행동이 최고의 가치로 여겨지고, 타인을 위해 자신을 희생하는 것이 미덕이라 배웠다.

하지만 정말 중요한 건, 타인을 돕기 전에나 자신을 사랑하는 법을 먼저 배워야 한다는 것이다. 스스로를 온전히 이해하고 존중할 수 있을 때, 비로소 타인에게도 진정한 도움을 줄 수 있다.

생각해보자. 지치고 피곤한 상태에서 무엇을 나눌 수 있을까? 오히려 내면이 충만할 때 더 깊이 있는 사랑을 나눌 수 있지 않을까?

자기 사랑은 단순한 만족이 아니다. 그것은 스스로의 기준을 세우고, 자기 자신에게 도전하며 성장하는 과정이다.

하지만 우리는 종종 타인의 기대나 요구에 맞추려다 자신을 소진시키곤 한다. 조금만 더 희생하면 누군가를 더 도울 수 있을 거라고 생각하면서. 그러나 무턱대고 참고 버티는 것보다, 먼저 내 욕구를 충족한 뒤에 돕는 것이 더 건강하고 지속 가능하다.

물론 자기 사랑이 욕망만을 채우는 것을 의미하진 않는다. 진정한 자기 사랑이란 스스로 삶을 주체적으로 디자인하고, 원하는 방향으로 나아가는 것이다. 때로는 냉정하게 자신을 돌아보며 더 나은 길을 선택하는 과정이 필요하다.

결국 자신을 먼저 돌보는 일이 더 나은 삶의 출발점이다. 내가 나를 존중할 때, 그 에너지는 자연스럽게 주변에 전해지고, 타인에게도 진정한 사랑과 도움을 줄 수 있게 된다.

함께 나누는 기쁨

혼자서도 기쁨을 느낄 수 있지만, 다른 사람과 함께 나눌 때 그 즐거움은 훨씬 깊어진다. 사랑하는 사람과의 미소나, 친구와의 대화 속 웃음, 예상치 못한 도움을 주고받을 때의 따뜻함. 이런 순간들은 단순한 행복을 넘어 우리를 더 나은 존재로 만들어준다.

사실 이런 감정은 인간만의 것은 아니다. 동물들도 어미와 새끼가 서로를 돌보며 만족감을 느끼고, 무리 속에서 친밀한 유대를 형성한다. 관계란 단순한 즐거움을 넘어 존재 자체를 풍요롭게 만드는 핵심 요소다. 누군가와 연결되어 있다는 느낌은 삶을 더 의미 있게 만드는 필수적 조건일 수 있다.

물론, 함께한다는 건 언제나 쉽지 않다. 기쁨만큼이나 고난도 함께 겪어야 하니까. 그럼에도 서로를 이해하고 도우며 쌓아가는 유대감은, 단순한 즐거움을 넘어 깊은 신뢰와 강한 의지를 만들어낸다. 어려운 순간에도 곁을 지켜주는 사람, 그런 관계는 인생에서 가장 든든한 힘이 된다.

하지만 중요한 건, 타인과의 관계에서도 나 자신을 잃지 않는 것이다. 사람들과의 유대는 우리를 성장시키지만, 그 출발점은 스스로를 존중하고 사랑하는 데 있다. 자신을 모른 채 타인을 이해하려 하면 쉽게 지치거나 무너질 수 있다. 반대로 스스로를 존중할 때, 타인과의 관계에서도 훨씬 큰 만족과 기쁨을 느끼게 된다.

우리가 수치심을
느끼는 이유

수치심은 단순히 부끄러움을 느끼는 감정이 아니다. 그것은 우리가 중요하게 여기는 가치와 연결되어 있다. 과거 사람들은 특별하거나 신성하다고 여겨지는 것 앞에서 자연스럽게 수치심과 경외심을 느꼈다. 신성한 공간이나 행동은 경계를 뛰어넘어 삶의 중심처럼 여겨졌기 때문이다.

예를 들어, 고대인들은 신전이나 신성한 땅에 함부로 들어가지 못했다. 이곳에 발을 들여도 괜찮을까, 신이 노하지 않을까 하는 두려움이 본능적으로 자리 잡고 있었기 때문이다.

성적인 관계도 본능 이상으로 인생의 신비와 연결된 특별한 것이었다. 권력이나 영혼 같은 보이지 않는 개념 역시,

마치 신의 축복처럼 신비롭게 여겨졌다. 그러니 가까이 다가가는 것조차 큰 용기가 필요했다. 이런 모든 것들이 경외와 수치심을 일으키는 대상이 되었다.

하지만 수치심이 꼭 나쁜 감정만은 아니다. 오히려 우리가 무엇을 소중하게 생각하는지, 어디서 멈춰야 하는지를 알려주는 신호다. 그리고 그 경계를 넘어서는 순간이 왔을 때, 우리는 한 단계 더 성장할 기회를 얻는다.

예를 들어, 사람들 앞에서 떨리는 목소리로 의견을 말하거나, 남에게 말하기 어려운 감정을 솔직히 털어놓을 때, 우리는 그 수치심을 마주하고 극복하며 더 자유로워진 자신을 발견한다.

과거 사람들이 신성한 경계 앞에서 두려움을 느낀 것처럼, 우리도 각자만의 금기를 갖고 있다. 그리고 때로는 그 금기를 넘어서야 우리가 진정 원하는 삶에 닿을 수 있다.

그러니 수치심을 느낀다고 해서 스스로를 비난하지 말자. 그 감정은 우리를 지키기도 하고, 동시에 더 나아가게 만드는 중요한 계기일지도 모른다.

남의 불행을
즐기지 마라

모든 선택은 기본적으로 단순하다. 쾌락을 얻거나, 고통
을 피하고 싶은 욕구에서 시작한다. 작은 권력에서 오는 만
족도 마찬가지다. 상사가 직원에게 불필요한 잔소리를 하거
나, 누군가가 자신의 의견을 강요하며 우월감을 느끼는 건,
순간적으로 내가 더 강하다는 착각을 일으킨다.

하지만 타인의 고통 위에 쌓은 쾌락은 언제나 균열을 안
고 있고, 결국 그 균열은 다시 자신에게 되돌아온다.

반면 공감은 어떨까? 사랑하는 사람의 고통을 덜어주면
서, 우리는 선한 일을 하고 있다고 느낀다. 하지만 그 속에
도 자기 보호 본능이 숨어 있다. 내가 그를 돕지 않으면 그
의 아픔이 곧 내 아픔이 될까 봐 하는 일종의 방어기제일 수

도 있다.

이건 나쁜 게 아니다. 오히려 공감의 본질을 이해하면, 우리는 더 진정성 있는 방법으로 타인을 도울 수 있다.

중요한 건, 남을 짓밟아서 얻는 만족은 오래가지 않는다는 사실이다. 그런 기쁨은 일시적일 뿐, 결국 더 큰 상처만 남긴다.

대신 내면의 충만함을 키워라. 스스로 만족할 수 있다면, 타인의 불행에서 의미를 찾으려 하지 않아도 된다.

진정한 자유는 남을 억누르지 않고도 내 가치를 느낄 수 있는 상태다. 그 자유는 외부의 인정이 아닌, 내면의 성장과 만족으로부터 온다.

그러니 다음번에 작은 권력을 이용해 누군가를 통제하며 쾌감을 느끼고 싶다면, 스스로에게 내가 진정으로 원하는 것이 맞는지 물어보자.

아마 깨닫게 될 것이다. 당신이 진정으로 원하는 건, 타인을 억누르지 않아도 스스로 빛나는 삶일 것이라는 사실을.

모두에게
착할 필요는 없다

세상은 사랑과 선한 마음으로만 가득하지 않다. 그래서 우리는 그것들을 어디에 쓸지 더 신중해야 한다. 모든 사람에게 잘해주려 애쓰는 건, 결국 당신의 에너지를 낭비하는 일이 될 수도 있다.

생각해보라. 당신이 정성을 다해 베푼 친절이 당연하게 여겨지거나 당연함을 넘어 오히려 더 많은 요구로 돌아온 적은 없었나? 이런 사람들에게 선의를 계속 베푸는 건 결국 당신을 소진시킬 뿐이다.

그렇다면 어떻게 해야 할까? 진짜 도움이 필요한 사람, 당신의 선한 마음이 의미를 가질 수 있는 사람에게만 나누는 게 더 현명하다.

착한 행동이란 그걸 필요로 하는 곳에서 가치를 발휘할 때 진짜 의미가 있다. 모든 사람에게 착하려고 애쓰지 마라. 당신의 사랑과 선한 마음은 정말 필요한 곳에서 쓸 때 비로소 빛을 발한다.

막연한 죄책감
내려놓기

우리는 때때로 별다른 잘못도 없는데 스스로를 비난하며 죄책감을 느낀다. 자연스러운 감정을 부정하고, 그걸 마치 잘못된 것처럼 여기면서 자신을 괴롭힌다. 하지만 정말 그럴 필요가 있을까? 당신이 느끼는 감정은 잘못이 아니라 살아 있다는 증거다.

욕망이나 충동 같은 본능이 떠오를 때, 우리는 그걸 부끄러워하고 죄라고 여기곤 한다. 그러나 그런 생각은 스스로를 부정하는 것과 다름없다. 자연스러운 본능을 억누르고 자기 자신을 죄인처럼 느낀다면, 더 깊은 괴로움에 빠질 뿐이다.

사실 우리가 느끼는 죄책감 중 상당수는 실제 잘못 때문이 아니라, 잘못된 믿음과 사회적 기준이 만들어낸 허상일 때가 많다.

어떤 신념이나 도덕적 규범은 우리에게 도달 불가능한 이상을 요구한다. 그리고 그 기준을 지키지 못하면, 스스로에게 너는 잘못된 인간이라고 단정 짓게 만든다. 하지만 당신은 이미 충분히 괜찮은 사람이다. 무리해서 끝없이 타인의 기준에 맞추려 애쓰지 않아도, 당신의 삶은 이미 의미 있고 소중하다.

가장 필요한 건, 스스로를 용서하는 것이다. 당신의 감정과 욕망은 죄가 아니다. 그건 당신을 이루는 자연스러운 일부다. 억누르지 말고 있는 그대로 받아들여라. 인간은 완벽하지 않은 존재다. 그래서 자기 자신을 받아들이고 사랑하는 게 가장 자연스럽다.

삶은 죄책감에 빠져 있기엔 너무 짧다. 당신이 느끼는 감정과 본능을 죄로 만들지 마라.

Part 3

그대의 시선이
삶의 크기를 정한다

세상을 바라보는
39가지 시각

당연한 것들을
의심할 용기

전혀 다른 것들이 서로 연결될 수 있을까? 사람들은 왜 모순된 생각을 할까? 틀려 보이지만, 사실 맞을 수도 있지 않을까?

옛사람들은 이런 질문을 깊이 고민하지 않았다. 원래 그런 거라는 한마디로 모든 호기심을 닫아버렸다.

그러나 시간이 흐르면서 사람들은 더 이상 그냥 그렇다는 말만으로는 만족하지 못하게 되었다. 진짜 답을 찾고 싶었기 때문이다.

오늘날 우리는 깨닫는다. 겉으로는 전혀 달라 보이던 것들도 사실은 서로 깊이 연결되어 있다는 것을. 논리와 감정, 배려와 욕심, 옳고 그름. 세상을 너무 단순하게 나누는 것

자체가 애초에 불가능하다는 사실을 말이다.

예를 들어, 완전히 남을 위한 행동이 정말 있을까? 겉으로는 순수한 선의처럼 보여도, 사실 자기 만족감을 느끼려는 마음이 섞여 있을 수도 있다. 도움을 주고 만족을 느끼는 건 자연스러운 일이니까. 결국 우리는 서로 영향을 주고받으며 살아가는 존재다.

이 사실이 조금 불편할 수도 있다. 우리는 스스로를 '완벽하고 특별한 존재'라고 믿고 싶어 하기 때문이다.

그럼에도 불편한 질문을 던지는 걸 멈추지 마라. 그 질문을 끝까지 파고들 용기가 결국 당신을 더 나아가게 만든다. 진실은 때로 불편하지만, 그게 바로 진짜 자유로운 삶으로 향하는 길이기도 하다.

당신이 보던 세상의 경계를 넘어, 더 넓은 시야로 바라보라. 언제나 자신만의 질문을 던지는 걸 두려워하지 마라.

변하지 않는 것은 없다

사람들은 종종 인간은 변하지 않는다고 말한다. 철학자들 또한 인간의 본성은 그대로이며, 역사는 반복된다고 주장하곤 한다.

마치 인간에게 사용 설명서라도 있는 듯 말이다.

하지만 실제로는 다르다. 우리가 지금 보는 인간의 모습도 특정 시대와 환경 속에서 만들어진 결과다. 과거 사람과 지금 사람이 다르듯, 미래의 인간도 전혀 다른 모습이 될 수 있다.

그런데도 많은 사람들은 인간은 변하지 않는다고 쉽게 말한다. 하지만 역사는 조용히, 인간은 끊임없이 변해왔다고 속삭인다.

기록된 역사 4천 년은 인류의 거대한 여정에서 정말 짧은 한 장면일 뿐이다. 우리가 지금 이런 모습으로 살아가게 된 건 무수한 변화와 적응, 그리고 선택의 결과다.

그럼에도 많은 사람들은 인간이 세상의 중심이고, 세상은 인간을 위해 존재해야 한다고 믿는다.

하지만 세상은 인간만을 중심으로 돌아가지 않는다. 모든 것은 계속 바뀌고, 우리가 아는 것들도 언젠가 달라질 수 있다. 우리는 마치 스마트폰 소프트웨어처럼 계속 업데이트되는 존재다.

세상을 더 깊이 이해하고 싶다면, 먼저 변화의 본질을 직시해야 한다. 과거를 돌아보고, 인간이 어떻게 지금 모습까지 이르렀는지 탐구하라. 고정된 답을 찾으려 하기보다는, 변화의 흐름 안에서 나 자신을 이해하는 쪽이 낫다.

변화는 멈추지 않는다. 생각도 마찬가지다.

낡은 생각에 머물지 마라. 새로운 질문을 던지고, 변화 속에서 스스로 답을 찾아라. 그리고 기억해라. 당신조차도 이미 변하고 있다는 것을.

보이는 것이
전부가 아니다

우리는 각자의 기준과 방식으로 세상을 본다. 종교, 도덕, 감정, 논리 등이 우리의 시각을 결정한다. 그러다 어느 순간, 이제야 세상을 제대로 알겠다고 말하게 된다.

그런데 정말 그럴까? 사실 우리는 세상을 있는 그대로 보는 게 아니라, 저마다의 배경과 경험에 따라 다르게 해석할 뿐이다.

예를 들어, 어떤 사람은 규칙을 중시하며 이건 이렇게 해야 한다고 말한다. 반면, 어떤 사람은 자유를 더 중요하게 여기며 꼭 그렇게 할 필요는 없다고 생각한다.

같은 상황을 놓고도 반응이 완전히 다른 이유는 우리가 세상을 한 가지 방식으로만 배우지 않았기 때문이다.

도덕이나 상식도 마찬가지다. 분명해 보이는 옳고 그름도 시대와 문화가 바뀌면 달라진다. 어제의 '당연함'이 오늘은 '꼰대 마인드'로 불리기도 한다.

그렇다면 중요한 것은 내가 정말 나만의 생각을 하고 있는지, 아니면 그저 배운 대로 믿고 있는지이다.

사람들은 보통 자기 생각이 맞다고 확신한다. 하지만 그 또한 자기가 살아온 환경과 경험의 산물일 뿐이다.

그러니 남들이 만들어놓은 기준을 맹목적으로 따르지 마라. 그게 진짜 맞는지, 스스로 확인하고 고민해야 한다. 새로운 시야는 저절로 주어지지 않는다. 내가 보려고 노력하는 사람만이 가질 수 있다.

아는 것보다
더 중요한 것

우리는 인생에서 많은 것을 배운다. 학교에서, 책에서, 사람들과의 대화에서 끊임없이 새로운 사실들을 익힌다.

그런데 문득, 이게 내 삶과 무슨 상관이 있을까, 많이 안다고 해서 정말 더 행복해질 수 있을까 하는 생각이 스쳐 지나간다.

아무리 많은 걸 배워도, 그것이 삶을 자동으로 바꿔주진 않는다. 진짜 중요한 건 그걸 어떻게 활용하느냐다.

어떤 사람들은 힘든 순간이 오면 책이나 좋은 말에서 위안을 찾으려 한다. 하지만 그 말들이 정말 내 삶을 바꿔줄까?

아무리 멋진 글이라도, 그걸 듣고 난 뒤 내가 이제 무엇을 해야 할지 구체적으로 고민하지 않는다면 결국 아무 소용이 없다.

세상을 이해하는 것보다 더 중요한 건, 그 안에서 내가 어떻게 살아갈지 고민하는 것이다.

아무리 좋은 지혜도 쓰임새가 없다면 그냥 글자에 불과하다. 인생이 복잡하고 어려우니, 그렇다면 조금이라도 더 멋지게 살아보려는 태도가 더 의미 있는 것 아닐까.

그러니 스스로에게 내가 배운 것들이 내 삶을 어떻게 바꿀 수 있을지, 이것이 나에게 어떤 도움이 될 수 있을지 물어보자.

이 질문 없이 그저 많이 아는 걸로 끝나면, 우리는 그저 아는 게 많을 뿐인 사람이 되고 만다. 배운 걸 써먹지 않으면, 결국 아무것도 변하지 않는다는 걸 명심하자.

삶은 움직이는 것

우리는 종종 세상을 설명하려 애쓴다. 말로 정의하고, 분석하고, 이해해보려 한다. 그러다 보면 이해할 수 있다면 제대로 알고 있는 것이라고 믿게 된다.

하지만 정말 그럴까?

삶은 단순히 분석한다고 해서 해결되지 않는다. 또 그렇다고 그냥 흘려보낸다고 해서 의미가 저절로 생기는 것도 아니다. 결국 중요한 건 지금 이 순간 우리가 무엇을 하느냐다.

햇살이 따스한 날, 그 순간을 느끼며 행복해할 수 있다. 그것만으로도 충분할 때가 있다. 하지만 그 하루가 지나고 나면, 그 다음에 무슨 선택을 하고 어떤 발걸음을 내딛느냐가 더 중요하다.

우리는 모든 것을 설명하려 하지만, 사실 삶은 설명하는 게 아니라, 움직여 나가는 것이다. 어떤 감정은 그냥 느끼는 게 아니라, 그 감정을 힘 삼아 앞으로 나아가야 한다.

그러니 고민만 되풀이하지 마라. 오늘 한 걸음을 내디뎠다면, 내일은 조금 더 멀리 가보자.

모든 것은 변한다, 당신의 삶도 마찬가지

우리는 종종 세상이 정해진 규칙대로 움직인다고 믿으며, 원래 그런 것이고 절대 변하지 않는다고 확신한다.

그런데 정말 그럴까?

우리가 진실이라 믿었던 것들조차 시간이 지나면 달라지기도 한다. 어제의 확신이 오늘은 흔들리고, 영원불변이라 여겼던 것들이 훗날 착각이었다는 걸 깨닫기도 한다.

과거엔 세상이 단순해 보였다. 하지만 시간이 지나면서 알게 된다. 세상은 그렇게 단순하지 않다는 걸.

우리가 믿는 '진리'라 부르는 것들도 사실은 익숙함 속에서 만들어진 경우가 많다. 변하지 않는 게 아니라, 우리가 그렇게 믿고 싶었던 것일지도 모른다.

변화를 두려워하면, 결국 스스로를 가둬버리게 된다. 고정된 믿음은 편안할 수 있지만, 그걸 절대적 진실로 착각해서는 안 된다.

현명한 방법은 고정된 생각을 내려놓고, 변화의 흐름 속에서 나를 다시 찾아가는 것이다.

세상은 끊임없이 변한다.

그렇다면 지금의 힘든 순간도 언젠가 새로운 방향으로 흐를 수 있지 않을까?

어쩌면 생각지도 못한 당신의 꿈이 이루어질지도 모른다.

감성과 이성의 균형

인간의 삶은 복잡하다. 이성은 중요한 도구지만, 모든 문제를 해결해주는 만능키는 아니다. 우리가 느끼는 열정, 아름다운 언어, 예술, 종교 같은 것들은 이성으로만 설명하기 어려운 영역에서 온다.

바로 그 '이성 너머의 것들'이 삶을 더 풍부하고 의미 있게 만들어준다. 만약 누군가 모든 걸 이성으로만 설명할 수 있다고 단언한다면, 사랑은 왜 그렇게 헷갈리는지는 어떻게 설명할 수 있을까.

이성만으로는 인생의 복잡하고 매혹적인 순간들을 다 이해하기 어렵다. 심지어 이성을 강조하는 사람도 가끔 본능이나 감정에 따라 움직이곤 한다.

사실, 이성으로 설명할 수 없는 감성과 본능은 우리가 부족해서가 아니라, 더 풍요롭고 진지하게 살아가려면 반드시 필요한 부분이다. 만약 모든 것을 이성만으로 이해하려 했다면 삶은 너무 딱딱하고 심심했을 거다. 감성이 없다면, 시는 커녕 방정식으로 인생의 의미를 찾으려 했을지도 모른다.

그러니 모든 걸 이성으로만 해결하려 하지 마라. 때로는 감성을 받아들이고, 본능을 존중하며, 그 안에서 진짜 중요한 걸 찾을 줄 알아야 한다.

우리가 놓치고 있는 것들

삶의 가치와 존엄성에 대한 믿음은 사실 우리가 가진 사고의 작은 결함에서 시작된다. 우리는 공감한다고 생각하지만, 그 공감은 사실 언제나 제한적이다. 그리고 이 제한된 공감만으로 인류 전체를 제대로 이해하기는 거의 불가능하다.

심지어 가장 뛰어난 두뇌를 지닌 사람들도 인류 전체를 온전히 볼 수는 없다. 특정한 사람만 주목하고, 그가 엄청난 재능을 보여주면 인류의 보물이라며 과대평가해 버리곤 한다. 그러면 나머지 사람들은 그냥 배경처럼 잊혀진다.

또, 모든 사람을 생각한다고 해도 특정 충동이나 '이타적인 모습'만 강조하면 결국 또 한쪽으로 치우치게 된다. 대부분 사람은 세상을 자기중심적으로 해석하고, 다른 사람들의 고통이나 운명까지 함께 상상하기는 쉽지 않다.

그렇다면 누군가가 모든 존재를 깊이 공감한다고 해보자. 그는 세상의 무목적성과 무한한 고통을 함께 느끼며 삶의 의미를 의심하게 될지도 모른다. 마치 자연의 낙엽처럼 자신이 무의미하게 소모된다고 느낄 수도 있다.

그럼에도 절망만 있는 건 아니다. 어떤 시인은 이런 허무 속에서도 낙엽이 바람에 흩날리는 모습도 나름 낭만적이지 않을까 하며 스스로를 위로할 수도 있다. 어쩌면 우리에게 필요한 건 바로 이런 태도일지 모른다.

삶의 가치는 우리의 한계와 불완전함 속에서 다시 질문된다. 그리고 그 질문이야말로 진짜 공감과 깨달음의 시작이다. 우리가 공감하지 못했던 그곳에, 우리가 놓쳤던 아름다움이 숨어 있을 수 있다.

그러니 흐릿한 배경에 눈을 돌려보자. 그곳에 우리가 놓치고 있던 또 다른 아름다움이 있을지도 모른다.

자유로운 삶이란 무엇인가

인생은 끝없이 어려운 길을 가야만 하는 걸까? 의미를 찾으려 애쓰다 보면 오히려 더 복잡해지고 힘들어지기도 한다. 만약 세상이 거짓으로 가득 차 있다면, 그냥 포기해버리는 게 낫지 않을까?

하지만 인생은 그렇게 간단하게 정리되지 않는다. 이제 우리는 도덕이나 종교만으로 살아가는 시대가 아니다. 즐거움, 고통, 이익, 손해 등 감정과 욕망이 뒤얽혀 종종 엉망이 되기도 한다. 그러나 그렇다고 절망만이 남은 건 아니다.

혼란스러운 세상 속에서도 우리는 평온한 삶을 누릴 수 있다고 믿는다. 시간이 지나면, 과거에 두려워했던 것들이 사실 별거 아니었음을 깨닫는 순간이 온다.

평온한 삶을 살려면, 마음이 맑고 단단해야 한다. 감정에 휘둘리지 않고, 사회의 기준에 갇히지 않으며, 스스로 선택한 길을 가야 한다. 이런 사람은 자신이 자연의 일부라는 걸 인정하고, 인간이 자연을 완전히 초월할 수 없음을 받아들인다.

그들은 다른 이들의 칭찬이나 비난에 흔들리지 않는다. 무엇을 억지로 증명해내려고 하지도 않는다. 그들은 세상을 있는 그대로 받아들이면서, 자신을 희생하기보다는 자유롭게 살아간다. 그 기쁨은 무언가를 얻기 위한 게 아니라, 그냥 세상과 나누는 선물처럼 느껴진다.

삶을 변화시키는
격언의 힘

우리 삶은 때때로 너무 많은 생각에 갇혀버린다. 하지만 인간을 관찰하고 성찰하는 일은 단순히 분석하거나 비판하는 게 아니라, 더 깊고 강한 인생을 만드는 예술이다.

옛날엔 격언의 힘이 널리 알려져 있었다. 격언을 남긴 사람들은 인간 본성을 날카롭게 통찰해 우리가 삶을 더 깊이 이해하도록 도와주었다.

그러나 요즘은 격언이 단순한 말장난처럼 보이기도 한다. 한 번 읽고 좋은 말이라고 생각하며 그냥 지나쳐버린다.

하지만 격언의 진정한 가치는 그 말 자체가 아니라, 실제 행동으로 옮기고 스스로 깨닫는 데 있다. 격언은 그저 아름다운 말로 끝나는 것이 아니라, 자신을 극복하고 더 나은 방향으로 나아가는 길잡이가 되어야 한다.

"하늘은 스스로 돕는 자를 돕는다." 이 문장을 단순히 '좋은 말'로 치부할 수도 있지만, 실제로 스스로를 돕고 있는가를 진지하게 물어본다면 당신의 삶은 조금씩 변하기 시작할 것이다.

도덕적 기준은
유행이다

도덕은 유행과 비슷하다. 한때 절대적이라 여겨지던 것이 시간이 지나면 낡고, 시대에 맞지 않는 것으로 보이기도 한다.

과거에는 법과 규칙이 도덕의 기준이 되었다. 하지만 지금은 자유와 복지를 더 중시하기도 한다. 시대가 변하면 도덕도 같이 변한다.

"옳지 않다"는 말도 마찬가지다. 어떤 이에게 부정적이라 여겨지는 일이 다른 누군가에게는 새로운 가치를 만들어가는 과정일 수 있다. 예전엔 개인의 즐거움을 추구하는 걸이기적이라 했지만, 지금은 더 나은 삶을 위한 중요한 요소로 보기도 한다.

결국 도덕은 절대 고정된 기준이 아니라, 시대에 따라 움직이는 유연한 지도 같은 것이다.

중요한 건 과거 도덕을 그대로 답습하는 게 아니라, 지금 시대가 요구하는 새로운 가치를 찾아가는 일이다. 변화는 늘 불편하고 혼란스럽지만, 그 혼란 안에서 더 나은 방향이 생겨난다.

과거를 맹목적으로 따르거나, 지금의 도덕을 절대적인 것으로 여기기보다, 우리는 변화 속에서 스스로의 기준을 만들어가야 한다.

도덕을 너무 무겁게 여길 필요 없다. 우리 모두는 시대 흐름 속에서 배우고 성장하는 중이다. 오늘의 기준이 내일 달라질 수도 있음을 받아들이는 순간, 도덕은 우리를 얽매는 족쇄가 아니라, 길을 밝혀주는 조명이 될 것이다.

우리는
인생을 배우는 중이다

오랫동안 사람들은 인간이 본래 타락했거나 악하다고 믿어왔다. 어쩌면 그것은 모든 문제는 인간 탓이라고 쉽게 결론 내려버리는 핑계였을지도 모른다. 하지만 인간이 본질적으로 선하다고 믿는 생각도 크게 다를 바 없다. 이런 믿음들은 때로 위안이 되지만, 정작 중요한 질문에서 우리를 멀어지게 한다.

사실 '선'과 '악', '죄'와 '미덕' 같은 개념은 절대적인 것이 아니다. 시대와 문화, 개인의 관점에 따라 계속 달라져왔다. 과거에 옳다고 여겨지던 것이 시간이 지나면 악으로 평가되기도 하고, 금기시되던 것이 미덕이 되기도 한다. 그렇다면 중요한 건 이런 개념에 얽매이지 않고, 그 너머를 바라보는 것이다.

자신을 탐구하고 진실을 찾으려는 사람은 불필요한 도덕적 굴레에서 자유로워진다. 실수조차도 성장의 일부로 받아들인다. 또 실수했지만, 그래도 배울 게 있겠지라고 생각하면 마음이 한결 가벼워지고 세상이 조금 더 분명하게 보이기 시작한다.

우리가 죄나 도덕적 기준을 고민할 때, 그 출발점 자체가 잘못된 경우가 많다. 잘못된 기준은 죄책감을 심어주고 스스로를 옥죄게 만든다. 하지만 이 모든 게 결국 인간이 만들어낸 관념임을 깨닫는 순간, 마음은 훨씬 자유로워진다.

나는 선하다 혹은 악하다고 쉽게 단정 짓기보다, 지금 인생을 배우는 중이라고 생각해보자.

악당이라는 이름 뒤에
숨겨진 인간

우리는 범죄자를 '나쁜 사람'이라고 단순 규정해 버리는 경우가 많다. 마치 영화 속 악당처럼, 그 이상의 이해를 거부한다. 그렇게 하면 마음이 편하다. 착한 사람과 나쁜 사람을 구분하며, 저 사람처럼 되지 않아서 다행이라고 스스로 안도감을 얻기 때문이다.

하지만 범죄자도 우리처럼 수많은 선택을 거쳐온 인간이다. 어떤 선택이 그들을 더 깊은 어둠으로 끌고 갔을 뿐이다. 그들의 행동만 보고 판단하면, 그 선택의 배경과 이유는 영영 놓치고 말 것이다.

예를 들어, 누군가 도둑질을 했다면, 단지 나쁜 사람이어서일까? 아니면 절박한 상황에서 그렇게 할 수밖에 없었던 걸까? 물론 모든 범죄를 이런 식으로만 설명할 순 없다. 그러나 이유와 맥락을 이해하려는 노력은 중요하다. 그들 역시 '악의 화신'이 아니라, 삶의 무게를 견디다 무너진 사람일 수도 있다.

우리가 쉽게 찍어버리는 '낙인'은 사실 이해를 가로막는 장애물이다. 그저 나쁜 사람이라고 단정짓는 순간, 그의 이야기를 들을 필요도, 그의 인간성을 들여다볼 이유도 사라진다. 반면, 그들의 이야기를 조금이라도 살펴본다면, 우리의 시야는 그만큼 넓어진다.

물론, 이런 말이 그들의 잘못을 용서하자는 의미는 아니다. 잘못은 잘못이다. 하지만 왜 그런 잘못이 생겼는지를 모르고선, 같은 일이 반복되는 걸 막기 어렵다.

가끔은 내가 저 상황에 있었다면 어떤 선택을 했을지 생각해보자. 그렇게 바라보면 미움보다는 조금 더 깊은 이해의 시선으로 그들을 볼 수 있게 된다.

인생은 단순하지 않다. 선과 악으로 모든 것을 가를 수 있으면 좋겠지만, 그렇게 하면 무수한 이야기들을 놓치게 된다. 악당이라 불리는 이들의 이면을 들여다보려는 노력이, 어쩌면 우리 자신을 더 깊이 이해하게 하는 열쇠가 될지도 모른다.

결과만 보고
판단하지 마라

우리는 흔히 행동을 결과로만 평가한다. 성공했으니 옳았고, 실패했으니 잘못이었다고 쉽게 결론 내린다. 그렇게 단순하게 생각하는 것이 편하기 때문이다. 하지만 이런 사고방식은 진짜 본질을 가릴 수 있다. 맛있는 요리를 평가할 때 맛만 보고, 그 과정과 정성을 무시하는 것과 비슷하다.

정치에서도 쉽게 볼 수 있는 현상이다. 성공한 지도자는 칭송받고, 실패한 지도자는 욕먹는다. 그러다 보니 성공만이 유일한 정답이라는 분위기가 흐른다. 하지만 조금만 깊이 생각해보면, 성공했다고 해서 반드시 정의와 진실을 의미하는 건 아니다. 힘이 센 쪽이 이긴 것일 수도 있다.

역사를 돌아보면, 이는 더욱 분명해진다. 처음엔 미친 소리로 여겨지던 과학적 사고나 자유로운 사상이 나중엔 진리로 인정받은 사례가 많다. 처음엔 실패처럼 보였던 생각이 결국 새로운 시대를 여는 기초가 되기도 한다. 결국, 성공은 진리를 담보하지 않는다. 실패 역시 진실로 가는 길이 될 수 있다.

중요한 건 화려한 결과가 아니라, 그 행동에 담긴 의도와 가치다. 비록 실패하더라도 정직하고 올바른 의도였다면, 그 가치는 사라지지 않는다. 반대로 성공했다고 해서 반드시 진리를 증명하는 것도 아니다.

그러니 결과만으로 행동을 판단하지 말자. 실패가 주는 깨달음이 있고, 그 실패 속에서 더 많은 걸 배울 수도 있다. 요리를 즐길 줄 아는 미식가는 단지 맛만 보는 게 아니라, 그 요리에 담긴 과정과 정성까지 음미하는 법이니까.

죄는
누구의 몫인가

처벌은 단순히 한 개인의 잘못을 벌주는 행위가 아니다. 그것은 인간의 심리와 존엄을 뒤흔들며, 사회가 정의를 실현하는 방식에 대한 질문을 던진다. 처벌이 단순한 징계보다 더 깊은 의미를 갖는 이유는, 그것이 우리는 너를 공동체에서 배제하겠다는 사회적 선언처럼 작용하기 때문이다.

처벌 과정은 냉혹하고 절대적이다. 법정이 판결을 내리고, 형량이 결정된다. 그걸 지켜보는 사람들은 처벌받는 사람을 오로지 잘못한 자로 규정한다. 이것은 사회가 그 사람을 공동체에서 떼어놓는 방식이기도 하다. 그리고 동시에, 이런 결과를 원치 않으면 조심하라는 경고를 남긴다. 그렇지만 이런 방식이 과연더 나은 사회를 만드는 걸까?

더 깊이 파고들면, 그 죄가 정말로 개인의 것인지 확신하기 어렵다. 인간은 환경의 산물이다. 그가 한 행동은 그가 태어난 가정, 받은 교육, 속한 사회 속에서 만들어졌다. 물론 잘못을 저지른 그의 선택도 중요하지만, 그 선택을 가능하게 만든 환경도 무시할 수 없다.

결국 처벌은 단순히 개인 문제를 해결하는 수단이 아니다. 우리가 함께 만든 사회가 저지른 실수에 대한, 어쩌면 극단적인 응답이기도 하다. 잘못의 책임은 개인에게만 있는 게 아니라, 그를 만든 환경에도 일부 있다. 따라서 처벌은 단지 정의의 실현이 아니라, 우리에게 이것이 정말 옳은 방법이 맞는지 스스로에게 묻게 만드는 질문이 된다.

이 질문에 답하기 위해서는, 인간의 존엄과 연대라는 더 큰 가치를 다시금 배워야 할지도 모른다.

희망은
축복인가, 속박인가

판도라의 상자 이야기는 유명하다. 온갖 재앙이 세상에 퍼져나갔지만, 희망만은 상자 속에 남았다고 한다. 사람들은 희망을 마지막 남은 '보물'이라 여긴다. 하지만 정말 그럴까?

희망이 상자 안에 남았다는 사실은 제우스의 깊은 의도를 보여준다. 인간이 끝없는 고통 속에서도 삶을 포기하지 않도록 희망이라는 무언가를 남겨둔 것이다. 그렇지만 이 희망은 단순한 축복이 아닐 수도 있다. 어쩌면 가장 교묘한 속박일지도 모른다.

희망은 내일을 믿게 하고, 오늘의 고통을 버티게 만든다. 하지만 그 과정에서 우리는 현실을 살아가기보다, 어디에 있을지 모를 더 나은 미래만 기다리게 된다. 희망은 삶을 버틸 힘이 되지만, 동시에 현재의 고통을 견디게 하는 족쇄가 되기도 한다.

우리는 희망을 위로라고 생각하지만, 그것은 기대와 실망이라는 양면을 가진 감정이다. 조금만 더 기다리면 좋아질 거라는 말에 매달리는 동안, 정작 지금 이 순간을 제대로 살지 못할 수도 있다.

희망은 고통을 없애주지 않는다. 오히려 고통을 견딜 이유를 만들어줄 뿐이다. 그래서 희망은 우리를 살게도, 우리를 미끄러지게도 한다.

겉으로 보이는 것이
전부는 아니다

우리는 종종 사람의 행동을 단순하게 판단한다. 누군가 크게 웃으면 즐겁겠거니 하고, 화를 내면 그냥 화가 났나 보다고 생각한다. 그러나 행동 뒤에는 우리가 보지 못하는 복잡한 감정과 동기가 숨어 있다. 빙산처럼, 겉에 드러난 모습은 전체의 일부분일 뿐이다.

극단적인 행동은 흔히 허영심에서 나온다. 마치 내가 여기 있다고 외치듯, 존재감을 과시하는 방식이다. 반면 평범한 행동들은 익숙한 습관이 만들어낸 결과다. 아침에 커피를 찾고, 신발을 가지런히 놓는 것도 무의식적으로 반복하는 습관이다. 그렇다면 비열한 행동은 어떨까? 대부분은 두려움에서 비롯된다. 약하게 보이기 싫어서, 스스로를 지키려는 방어 본능이다.

결국 사람의 행동을 볼 때, 겉에 드러난 모습만으로 속단하지 않는 게 중요하다. 저 사람 왜 저러지 하고 쉽게 말하기 전에, 그 행동 뒤에 어떤 감정과 이유가 있을지 생각해보자. 겉모습만 보고 평가하면 오해가 쌓이고, 진짜 모습을 놓치게 된다.

물론 모든 행동의 이유를 명확히 알 수는 없다. 그러나 중요한 건 이해하려는 노력이다. 누군가 화난 표정을 짓고 있다면, 단순히 짜증을 내는 게 아니라 힘든 하루를 보낸 것일 수도 있다.

그러니 누군가의 행동이 이해되지 않을 때, 한 발짝 물러서서 스스로에게 물어보자. 그 사람에게는 어떤 일이 있었을까라는 질문 하나만으로도 우리는 더 지혜롭고 인간적인 사람이 될 수 있다.

선함에도
각자의 길이 있다

사람들은 저마다의 경험 속에서 선함의 의미를 만들어간다. 방탕했던 젊은 시절을 보낸 사람에겐 선함이 절제와 희생을 뜻할 수도 있다. 스스로를 다잡아야 올바른 길이라 믿기 때문이다. 반면 욕망과 갈등 속에서 상처받은 사람에겐 선함이 평화와 위로일 수 있다. 그들에게 선함은 고통을 덜어주는 작은 쉼표 같은 것이다.

재밌는 건, 모두가 선함을 추구하면서도 그 과정에서 충돌이 생긴다는 사실이다. 왜 저렇게까지 할까, 혹은 그 정도로는 부족하지 않을까 하며 때때로 서로 의아해할 때가 있다. 같은 선함이라도 그 길로 들어선 이유와 방식이 다르기 때문이다. 서로의 배경을 모르면 겉모습만 보고 판단하기

쉬워, 오해가 생길 수밖에 없다.

결국 선함은 하나의 정답이 아니다. 각자의 삶과 경험 속에서 빚어진 다양한 모양일 뿐이다. 누군가에게 선함이란 스스로를 단단히 조이는 것이고, 또 다른 누군가에겐 자신을 놓아주는 것이다. 중요한 건 그 선택들이 우연이 아니라 그 사람만의 이야기를 담고 있다는 점이다.

이걸 다른 비유로 말하자면, 선함은 각자 삶에서 만들어진 한 접시의 요리와 같다. 어떤 이는 짜고 강한 맛을, 또 어떤 이는 담백하고 순한 맛을 좋아한다. 나한테 익숙한 맛이 남에게 낯설 수 있다. 나만 옳다고 주장하기보단, 서로의 요리를 맛보고 고개를 끄덕여주는 순간들이 훨씬 더 소중하다.

선이란 자유로울 때 가장 빛난다

금욕주의자는 욕망을 억누르는 것을 선함이라 믿는다. 그는 참아내고 희생하는 순간 자신이 고귀해진다고 느낀다. 마치 세상의 온갖 유혹과 싸우는 영웅처럼 보이려 한다. 하지만 묻고 싶다. 그렇게 살아서 정말 행복한가?

진정한 선함은 억압이 아니라 자유에서 온다. 자연스럽게 남을 돕는 작은 행동, 순수한 마음에서 나오는 배려 같은 것들이 진짜 선함이다. 그런데 금욕주의자는 선함을 통제와 희생으로 바꾸어 스스로를 감옥에 가둔다. 그리고 그 감옥 안에서 만족감을 느끼며, 자신이 선의 최고점에 있다고 착각한다. 그러면 선함은 더 이상 따뜻한 마음이 아니라 의무적인 '수행 과제'가 되어버린다.

진짜 선함은 강요된 행동이 아니다. 내 행복을 희생하지 않으면서도 남의 행복을 돕는 자유로운 행위다. 마치 봄이 오면 저절로 피어나는 꽃처럼, 선함이란 애써 만들어내는 게 아니라 내면에서 스스로 피어나는 것이다.

허영심,
꼭 나쁜 것만은 아니다

허영심이 없다면 우리 마음은 얼마나 텅 비었을까? 허영심은 단순한 자만심이 아니다. 그것은 자기 개선과 자아 실현을 향한 열망이 가득한 보물 창고 같은 것이다. 누구나 그 창고에 끌리고, 거기서 무언가를 얻고 싶어 한다.

그러나 세상에 공짜는 없다. 이 창고에서 무언가를 얻으려면 반드시 '자기 의지'라는 대가가 필요하다.

허영심은 부정적으로 보이지만, 사실 내면의 의지를 자극하고 더 나은 나로 이끌어주는 동력이 되기도 한다. 만약 적절한 허영심이 전혀 없었다면, 예술가들이 자기를 표현하려는 열정을 어떻게 불태웠겠으며, 발명가들이 한계를 넘어서는 시도를 어떻게 지속했을까?

물론 허영심은 조절이 필요하다. 지나치면 스스로를 지치게 만들고, 주변 사람들도 피곤하게 만든다. 적당한 허영심은 인간을 성장시키는 도구지만, 과도한 허영심은 족쇄가 된다.

그러니 허영심을 무조건 부정하거나 숨기지 말자. 대신 현명하게 다루자. 허영심은 우리를 움직이는 작은 엔진이다. 이 엔진이 잘 작동하면 우리는 더 큰 꿈을 꾸고, 그 꿈을 현실로 만들 수 있는 힘을 얻는다.

삶의 끝에서,
우리는 어떤 선택을 할 것인가

삶의 마지막 순간이 다가왔을 때, 우리는 어떤 선택을 내릴까? 누군가는 남은 시간을 받아들이고, 또 누군가는 스스로 마지막을 결정한다. 어떤 것이 더 존중받아야 하는지는 각자의 가치관에 달려 있다.

옛 철학자, 특히 스토아 학파는 자신의 목숨을 스스로 거두는 것을 절망이 아니라 이성의 승리라고 여겼다. 그들은 죽음을 두려워하기 보다는 삶의 한 부분으로 받아들였고, 삶의 의미가 퇴색되었다 느낄 때 스스로 끝을 맺는 결단을 내리기도 했다. 그것은 도망이 아니라, 마지막까지 자기 삶을 주도했다는 점에서 일종의 존경을 받았다.

반면 현대 사회에서는 생명을 연장하려는 노력을 우선시

한다. 삶의 질이 크게 떨어져도 의학의 힘으로 시간을 더 확보하려 한다. 이는 생명에 대한 애정이기도 하지만, 때로는 불필요한 고통을 더 늘리는 결과가 되기도 한다.

이 과정에서 종교의 역할도 크다. 종교는 고통 속에서도 의미를 찾게 하고, 죽음 앞에서 그 순간을 받아들일 이유를 제시하기도 한다. 누군가에게 신앙은 끝까지 살아갈 힘이 되고, 또 누군가에겐 평온한 이별을 준비할 용기가 된다.

결국 삶과 죽음을 결정하는 문제는 지극히 개인적이면서도 깊은 고민과 자기 성찰이 담겨 있다. 누군가는 죽음을 맞이하는 용기를 택하고, 또 누군가는 살아남는 인내를 선택한다. 무엇보다 중요한 건 그 선택이 외부의 강요나 두려움이 아니라 자신의 내면에서 우러나온 것이어야 한다.

삶의 끝자락을 생각할 때, 스스로에게 물어봐야 한다.

"나는 어떤 마무리를 원하고, 무엇을 위해 그 끝을 선택할 것인가?"

부자는 왜 가난한 이의
슬픔을 이해하지 못할까

동화나 영화에 자주 나오는 장면에서는 부자가 가난한 이의 소중한 것을 빼앗는다. 그 물건은 가난한 이에게 전부지만, 부자에게는 하찮아 보일 뿐이다. 문제는 바로 여기서 시작된다. 부자는 그 물건의 가치를 모르기에 자신이 끔찍한 짓을 하고 있다고조차 느끼지 못한다.

가난한 이는 이렇게 생각할 수도 있다. 그가 내 것을 빼앗으려 했다면 얼마나 타락한 사람인가 하고. 하지만 사실 그들은 타락했다기보다 그저 무심할 뿐이다. 너무 많은 걸 가져본 사람은 작은 것의 가치를 느끼는 능력을 잃어버린다. 사랑도, 정직도, 양심도 놓쳐버릴 수도 있다.

권력자들도 마찬가지다. 곁에서 보면 무자비한 악행처럼

보여도, 당사자는 그저 하나의 결정일 뿐이다. 예전에 크세르크세스가한 아버지의 아들을 처형했을 때, 그에겐 단지 자신의 계획에 방해되는 문제를 '처리'한 것일 수도 있다. 그 아버지의 절망과 슬픔은 크세르크세스에게 배경음처럼 흐릿했을지도 모른다. 악의라기보다 타인의 고통에 무감각했던 것이다.

우리는 종종 착각한다. 가해자도 피해자만큼 고통을 느끼고 있을 거라고 생각하지만, 실제로는 그렇지 않을 수도 있다. 부정한 판사는 서류를 처리했을 뿐이고, 그 판결로 인해 누군가 인생이 망가졌다는 사실을 실감하지 못한다. 양쪽이 느끼는 감정의 무게는 같을 수 없다.

결국 타인의 행동을 피해자의 고통으로만 판단하기보단, 그 행동 뒤의 배경과 의도도 살펴야 한다. 물론 그렇다고 가해자의 잘못이 정당화되는 건 아니다. 하지만 그들을 단순히 '타락한 괴물'이라 부르는 순간, 문제의 본질을 놓치게 된다.

우리도 스스로에게 물어보자. 혹시 내가 다른 사람의 고통을 파리 한 마리 죽이는 것처럼 가볍게 여기고 있지는 않은가.

적당한 자존심은
우리를 지켜준다

우리 몸이 피부로 감싸져 뼈와 살을 보호받듯이, 마음과 영혼도 그대로 드러나지 않는다. 바로 자존심이라는 얇은 막이 우리의 내면을 보호한다. 만약 이 자존심이 없다면, 너무 적나라한 모습으로 인해 쉽게 상처받을지도 모른다.

자존심은 단순한 약점이 아니다. 우리를 지켜주기 위해 필요한 장치다. 만약 자존심이 전혀 없었다면, 칭찬과 비난에 훨씬 더 쉽게 휘둘렸을 거다.

자존심은 누구에게나 있는 감정이고, 어찌 보면 우리를 적당히 겸손하게도 만들고, 또 적당한 자존감을 유지하게 하는 균형 잡힌 도구다. 너무 지나치면 방어적이 될 수 있지만, 적절한 자존심은 우리를 더 자연스럽고 당당하게 만들어준다.

비유하자면, 자존심은 영혼을 감싸는 '피부' 같은 것이다. 두꺼우면 문제가 되지만, 그렇다고 아예 없으면 살 수 없듯이, 자존심도 절묘한 균형이 필요하다. 또 화장처럼 살짝 꾸미는 효과도 있다. 우리를 날것 그대로 노출하지 않고, 세상과 조금 더 부드럽게 대면할 수 있게 한다.

결국 자존심은 영혼을 보호하는 작은 피부다. 적당한 자존심은 잘못된 게 아니다. 덕분에 우리는 조금 더 편안한 마음으로 세상을 살아갈 수 있으니 말이다.

악은
여유로운 자의 사치다

우리는 가끔 누군가 나를 싫어하는 것 같다는 생각에 사로잡힌다. 그런데 잠깐만 생각해보자. 대부분의 사람들은 자기 일상과 문제를 해결하느라 너무 바빠서, 정말 누군가에게 악의를 품고 해칠 만한 시간과 에너지가 없다.

악의라는 건 그냥 생기는 게 아니다. 상대의 약점을 찾고, 계획을 세우고, 실행하려면 엄청난 정성과 끈질긴 노력이 필요하다. 솔직히 그 시간에 차라리 낮잠을 자거나, 집 청소를 하는 게 더 이로울지도 모른다.

사람들은 대부분 남을 미워하기보다는 자기 삶에 집중하느라 정신이 없다. 누군가가 나를 싫어할까 하는 질문 대신, 이렇게 바꿔보자. 사람들이 나를 싫어할 만큼 나에게 신경을 쓰고 있을까. 아마 답은 거의 아닐 것이다.

물론 세상엔 정말 악의를 갖고 행동하는 사람도 있다. 하지만 그런 사람들조차 결국은 자기 삶의 결핍을 채우려는 과정에서 남에게 해를 끼치는 경우가 많다. 즉, 그들의 악의는 당신이 아니라, 자기 자신과의 싸움에서 비롯된 결과일 수 있다.

그러니 다음에 누군가가 당신을 싫어한다고 느껴지면, 살짝 웃으며 이렇게 생각해보자. 정말 나를 싫어한다면, 그건 결국 그 사람의 시간 낭비가 아닐까. 이렇게 생각하는 순간, 쓸데없는 걱정에서 한 발 물러설 수 있을 것이다.

우리는
결과로 판단한다

우리는 누군가를 칭찬하거나 비난할 때, 행동의 의도보다 결과를 더 중요하게 본다. 예를 들어, 누군가가 복잡한 상황에서 빠르게 결정을 내렸을 때, 그 결과가 성공적이면 현명한 선택이었다며 칭찬한다. 하지만 실패하면 왜 그렇게 경솔했느냐며 비난한다.

결국 판단의 가치는 그것이 얼마나 효과적이었느냐에 달려 있다. 주식 투자로 치면, 투자가 성공하면 천재 투자자, 실패하면 재수 없는 도박꾼이 되고 마는 것처럼.

사람들이 종종 놓치는 건 판단 자체만으로 옳고 그름을 논하기 어렵다는 사실이다. 의도가 아무리 선해도 결과가 나쁘면 비난받고, 무모한 행동이 우연히 성공하면 칭송받는다. 인생의 아이러니는 바로 여기에 있다.

　이런 현실을 알게 되면, 우리는 남의 결정을 좀 더 너그럽게 바라볼 수 있다. 결국 그들도 불확실한 상황에서 최선을 다하고 있을 뿐이니까.

　그러니 누군가의 판단을 쉽게 평가하기 전에 한 번 생각해보자. 만약 결과가 달랐다면, 나는 다른 의견을 가지고 있었을까. 이렇게 질문하는 것만으로도 한층 더 여유로운 시선으로 바라볼 수 있을 것이다.

　그리고 혹시 당신의 판단이 실패했더라도, 너무 자책하지 말자. 어쩌면 그저 운이 나빴을 뿐이니까.

죽음,
인간이 가진 마지막 자유

죽음은 인간이 쥔 마지막 자유이자, 삶 속에서도 통제받던 우리가 붙들고 있는 유일한 권리다. 죽음은 자기 의지의 가장 극단적 표현이며, 모든 규범과 도덕을 넘어서는 순간이기도 하다. 그렇다면 법과 정의라는 이름으로 죽음을 강제로 빼앗는 행위는 인간의 자유를 심각하게 훼손하는 건 아닐까?

진짜 중요한 건 자기 의지, 즉 스스로 죽음을 선택할 수 있는 권리다. 누군가는 그가 큰 잘못을 저질렀고, 반드시 그에 대한 대가를 치러야 한다고 말할 수도 있다. 물론 책임은 필요하지만, 죽음을 강요하는 것 만큼 무의미한 억압은 없다. 타인의 의도나 사회 규범에 따라 죽음이 결정된다면, 인간의 자유는 철저히 유린되는 것이다.

진정한 자유는 자기 결정에서 비롯된다. 어떤 모습으로 삶의 끝을 맞이할지 스스로 선택하는 것, 그것이야말로 인간이 누릴 수 있는 가장 근본적인 자유다. 하지만 법과 제도는 이를 통제하며, 죽음도 사회가 정해야 한다고 주장한다. 그러나 이것은 자기 의지의 부정을 의미하며, 권력을 가진 이들의 통제를 더욱 강화할 뿐이다.

우린 결국 죽음을 피할 수 없다. 하지만 그 죽음을 내 의지로 선택할 수 있는 권리는 인간의 존엄성을 반영한다. 죽음이 강제되는 순간, 우리는 인간으로서의 본질을 잃는다. 자기 의지와 자유 없이 맞이하는 죽음은 그저 잔혹함일 뿐, 정의를 가장한 폭력일 수밖에 없다.

우리 삶에
도덕이 필요한 이유

도덕은 종종 우리를 억압하는 규범처럼 느껴진다. 하지만 그것은 단순히 사회의 룰을 지키는 게 아니라, 우리가 스스로를 정의하고 자유롭게 살아가기 위한 도전이 될 수 있다. 도덕은 우리 의지를 표현하는 방법이기도 하고, 자신만의 가치를 창조할 수 있는 기회를 주는 도구다.

도덕을 실천하는 과정에서 우리는 자기 자신을 넘어설 기회를 얻는다. 단순히 세상이 정한 의무를 따른다기보다는, 이것이 내가 원하는 삶에 어떤 의미가 있는지 묻게 된다. 이렇게 도덕을 통해 우리는 수동적인 존재가 아니라, 자신이 만든 가치를 바탕으로 세상을 새롭게 만드는 주체로 살아갈 수 있다.

그러니 도덕을 억압이 아닌 자유를 위한 길잡이로 보는 게 중요하다. 단순히 규칙을 따르는 게 아니라, 그걸 통해 스스로 의미를 찾고, 더 나은 방향으로 나아가는 것이다.

정의란 무엇인가

정의는 겉보기엔 거창해 보이지만, 사실 사회의 규범에서 비롯된 게 아니라, 개인의 자유로운 삶에서 시작된다. 사람들은 흔히 서로 손해 보지 말자는 공동체의 합의 정도로 정의를 이해하지만, 진정한 정의는 개인이 자기 의지를 실현하고 자신만의 가치를 창조하는 데서 출발해야 한다.

처음에 사람들은 정의를 나만 손해 보는 건 억울하다는 생각에서 출발해, 다 같이 공평하게 하자는 의미로 받아들였다. 하지만 정의는 단순한 균형이 아니라, 각자가 자신만의 도덕적 기준을 세우고 자아를 실현하는 과정이 되어야 한다.

과거에 대한 정의도 마찬가지다. 정의는 억울한 일을 계속 들추는 게 아니라, 고정된 규범을 벗어나 새로운 가치를 창조하는 데서 발전해야 한다. 우리가 망각의 능력을 가진 이유도, 과거의 정의에 매달리는 대신 스스로의 가치를 만들어 나갈 의지가 필요했기 때문이다.

결국 정의란 타인의 눈에 맞추는 규범이 아니라, 자기 의지로 만들어 가는 창조적 과정이다. 우리가 진정 원하는 걸 실현하려는 의지, 바로 거기서 정의가 시작된다. 정의란 단순한 도덕적 명제가 아니라, 서로를 이해하고, 스스로를 창조하는 과정에서 형성되는 자유로운 가치여야 한다.

법이
항상 정의로운 것은 아니다

    법은 우리가 생각하는 이상적인 정의에서 탄생한 게 아니다. 오히려 힘의 균형 속에서 생겨난 결과물이다. 예를 들어, 강한 적에게 포위된 도시가 항복하되, 적에게 완전히 굴복하기보다 스스로를 파괴하거나 쓸모없게 만들 수도 있는 상황을 생각해보자. 결국 양쪽 다 어느 정도 타협해야 하고, 그 균형 속에서 법의 개념이 생겨나는 거다. 강자도 이런 균형이 주는 이익을 무시 못하기에 받아들이는 셈이다.

    즉, 법은 강자가 약자에게 최소한의 권리를 부여하는 방식으로 형성된다. 개인의 자유와 의지가 중요하긴 해도, 결국 법은 힘과 이익을 중심으로 만들어진다. 정의를 실현하는 도구라기보다는, 힘의 논리를 합리화해 조정하는 장치에

가깝다.

법은 이상적 정의의 구현이 아니라, 이익과 효율을 고려한 계산의 산물이다. 강자가 약자에게 약간의 권리를 주는 것도, 약자를 완전히 무너뜨리면 결국 강자에게도 해가 되기 때문이다.

그러니 법에 대해 너무 낭만적인 기대는 말자. 대신 그 안에 담긴 힘의 관계와 계산을 이해하는 게 현실적이다. 그게 오히려 법을 바라보는 시야를 넓히고, 세상을 읽는 데 도움을 줄 것이다.

옳고 그름을
다시 생각하다

우리가 부르는 '선'과 '악' 같은 도덕적 기준은, 오랜 전통과 기존 규범에 뿌리를 두고 있다. 과거에는 전통을 따르는 게 곧 선이었고, 그걸 어기는 건 악이라 했다. 하지만 과연 우리는 전통에 얽매여서 옳고 그름을 판단해야만 할까?

복수, 자비, 절제 같은 덕목들은 새로운 도덕적 가치로 자리 잡았지만, 결국 이것들 역시 옛 규범에서 출발했다. 그리고 때로는 개인의 자유나 고유한 가치를 억누르는 역할을 하기도 한다. 이런 전통적 도덕은 인간의 자유와 개성을 제한할 수도 있다.

전통을 따른다고 늘 옳은 건 아니다. 오늘날 우리가 자연스럽게 받아들이는 도덕적 가치들도, 과거의 질서와 안정된 규범에서 시작되었지만, 그것들이 언제나 진정한 자유와 창조적인 삶을 보장하는 건 아니다. 우리가 정말 원하는 삶과 일치하는지도 다시 생각해볼 필요가 있다.

진정한 도덕은 기존 기준을 그대로 따르는 게 아니라, 스스로 의미를 찾고 자기만의 가치를 세우는 과정에서 탄생한다. 우리는 옛 도덕에 매여 살기보다는, 자신의 삶을 바탕으로 새로운 기준을 세워야 한다. 즉, 자기 자신을 주체적으로 만들고, 스스로 가치를 창조하는 행위가 더 참된 도덕적 삶이라는 얘기다.

도덕은 배우고 따라가는 게 아니라, 자신만의 기준을 마련하고, 새 길을 여는 과정이다. 기존 규범을 무작정 답습하기보다, 내가 진짜 믿을 수 있는 도덕이 무엇인지 스스로 찾아가는 것이 더 옳은 길이다.

그때는 맞고,
지금은 틀리다

우리는 자주 과거를 지금의 기준으로 평가하려 든다. 하지만 과거 사람들은 우리 시대의 도덕이나 감각을 몰랐다. 그들에게도 그들만의 시대적 맥락과 가치관이 있었다.

예를 들어, 칼뱅이 세르베투스를 화형에 처한 일은 오늘날 우리가 보면 끔찍해 보인다. 그런데 당시 관점에서 보면, 칼뱅은 옳은 일을 했다고 믿었을 수 있다. 그들은 종교적 믿음을 생명보다 더 중요하게 여겼고, 신과의 약속을 지키는 게 도덕적 의무였으니까.

종교재판이나 공개 처형도 당시엔 신성한 질서를 지키는 방식으로 여겨졌다. 물론 지금 기준에선 충격적이지만, 그건 우리가 전혀 다른 시대에 살고 있기 때문이다.

현대라고 해서 이런 폭력이 완전히 사라진 건 아니다. 정치적 혁명가나 사회 질서를 어지럽힌다고 여기는 사람을 가혹하게 처벌할 때, 우리는 국가의 안전을 위해 어쩔 수 없다고 스스로 정당화한다. 과거와 크게 다르지 않은 사고방식이 형태만 바뀌어 이어지고 있는 셈이다.

또, 과거의 잔혹 행위들은 명령자와 실행자가 분리된 구조에서 자주 일어났다. 명령자는 결과를 직접 보지 않아 죄책감을 덜 느끼고, 실행자는 단지 명령을 따를 뿐이라고 여겼다. 이 심리적 거리감이 지금도 불합리한 일들을 가능케 한다.

우리는 타인의 고통을 완전히 이해하기 어렵다. 인간은 대체로 자신과 가까운 사람에게만 공감하도록 설계된 듯하다. 그래서 과거를 섣불리 비난하기보다, 그 시대적 맥락을 이해하려는 노력이 필요하다. 그래야 더 넓은 시선으로 세상을 볼 수 있다.

과거를 이해하는 건 더 나은 현재를 만들기 위한 과정이다. 그들이 왜 그런 선택을 했는지 알면, 같은 실수를 되풀이하지 않을 방법을 찾을 수 있다. 그러니 과거는 단순히 비난할 대상이 아니라, 배움과 통찰의 대상이다.

우리가
옳다고 믿는 선택

　폭풍우가 몰아쳐 옷이 젖어도, 우리는 구름을 향해 화를 내지 않는다. 자연은 그냥 자연일 뿐, 우리를 일부러 괴롭히려는 게 아니니까. 하지만 인간에게 상처받을 땐 얘기가 달라진다. 우리는 분노하며 저런 짓을 왜 하는 거냐고 비난한다. 그 이유는 간단하다. 우리는 인간에게 자유 의지가 있다고 믿기 때문이다. 그런데 사실 이 구분이 그렇게 단순하지 않다.

　예를 들어, 귀찮게 날아다니는 파리를 잡아 죽일 때, 우리는 죄책감을 느끼지 않는다. 오히려 안도의 한숨을 내쉴 뿐이다. 마찬가지로, 범죄자를 처벌할 때도 우리는 그걸 사회적 정의라 여기며, 윤리적으로 문제 삼지 않는다. 재밌는 건,

두 경우 모두 무언가에게 해를 가했지만 우리는 그걸 대체로 문제 삼지 않는다는 점이다.

결국 모든 윤리는 필요에서 출발한다. 자신을 지키고, 더 큰 고통을 피하기 위해 우리는 어떤 행동을 정당화한다. 많은 나쁜 행동도 결국 생존과 자기보존 본능에서 비롯된다. 이 본능은 고통을 피하고 쾌락을 추구하려는 인간의 기본 작동 원리와 맞닿아 있다.

소크라테스와 플라톤은 인간은 자신이 옳다고 믿는 일을 한다고 말했다. 우리는 각자의 경험과 가치관 속에서 이것이 최선이라고 판단하며 행동한다. 그 선택이 때론 타인에게 해를 끼치기도 한다. 하지만 그 순간, 그에게는 그것이 최선이 아니었다고 단정 지을 수 있을까.

결국 우리는 스스로 옳다고 믿는 선택을 한다. 다만, 그 선택이 다른 사람에게 어떤 영향을 줄지 깊이 생각하지 못하는 경우가 많다. 그래서 때론 우리의 최선이 누군가에게는 상처가 되기도 한다.

자유의지가
아니라 하더라도

폭포를 보면 물이 자유롭게 흘러내리는 것처럼 보인다. 소용돌이치고, 물보라를 일으키고, 마치 즉흥적으로 춤추는 듯하다. 하지만 사실 그 모든 움직임은 물리 법칙에 따라 정교하게 움직일 뿐이다. 자유로워 보이는 폭포도 결국 자연의 규칙에 묶여 있다.

인간의 행동도 크게 다르지 않을 수 있다. 우리는 자유롭게 선택한다고 믿지만, 깊이 파고들면 아닐 수도 있다. 만약 세상의 모든 정보를 아는 전지전능한 존재가 있다면, 우리의 모든 결정, 심지어 다음 주 우리가 무슨 생각을 할지까지 미리 알 수 있다는 가정도 가능하다.

이 말을 들으면 불편해질 수도 있다. 나는 내 삶의 주인인

데, 왜 모든 것이 마치 계산된 것처럼 말하는 걸까. 하지만 자유의지란 인간이 가진 가장 위대한 착각 중 하나다. 그럼에도 이 착각이 우리를 행동하게 하고 삶을 살아가는 추진력이 된다. 스스로 결정한다고 믿을 때, 우리는 비로소 인생을 내 손 안에 쥔 기분을 느낀다.

그렇다고 삶이 무의미한 건 아니다. 설령 모든 게 계산될 수 있다고 해도, 우리는 각자 경험을 통해 배우고 성장하며 자신만의 이야기를 쌓는다. 중요한 건 왜 이런 행동을 했는지를 묻기보다는, 어떻게 하면 더 나은 방향으로 선택을 이끌어갈 수 있을지를 고민하는 것이 중요하다.

폭포는 물리 법칙에 따라 흐르지만 그 모습은 여전히 아름답다. 인간의 삶도 마찬가지다. 설령 모든 게 정해져 있다 해도, 우리가 만들어내는 의미와 경험은 여전히 소중하다. 결국 자유든 필연이든, 핵심은 우리가 어떤 태도로 눈앞의 삶을 살아가느냐다.

우리가 진짜
선택할 수 있는 것은 무엇일까

우리는 자신의 행동에 온전히 책임이 있다고 믿는다. 그런데 한 번쯤 이런 생각을 해본 적 있는가. 내가 오늘 아침에 마신 커피조차 필연적인 선택이었다면 어떨까. 결국 집에 남은 커피가 그것뿐이라 딱히 다른 선택의 여지가 없었을지도 모른다. '자유의지'라고 믿는 것도, 어쩌면 주어진 조건 속에서 움직이는 하나의 흐름일 뿐일 수 있다.

우리가 '선'과 '악'이라 부르는 개념도 결국 시대와 환경의 산물이다. 오늘날 누군가를 돕는 게 선이라 여겨지지만, 옛날엔 복수가 선이었다. 복수를 통해 정의를 세운다고 믿었으니까. 이처럼 옳고 그름도 시대에 따라 달라지는 유동적 개념임을 알 수 있다.

더 흥미로운 건, 인간 행동 대부분이 자기만족에서 비롯된다는 사실이다. 누군가를 돕고 나면 기분이 좋아지고, 스스로 꽤 괜찮은 사람이라고 느끼게 된다. 결국 이타적인 행동조차도, 본능적으로 자신에게 보상을 주는 과정일 수 있다. 하지만 이런 본능적 만족감을 굳이 부정할 필요는 없다. 그것이야말로 우리를 더 나은 방향으로 움직이게 하는 원동력이 될 수 있으니.

또 우리가 나쁜 행동이라 여기는 것들도 대개는 무지나 잘못된 정보에서 비롯된다. 인간은 언제나 자기가 이해한 범위에서 최선을 선택한다. 문제는 그 최선이 타인에게는 최선이 아닐 수 있다는 점이다. 이걸 깨닫게 되면, 다른 사람의 행동을 무작정 비난하기보다, 그도 그 순간에는 최선을 다했을 거라고 생각하면 조금은 이해할 여유가 생긴다.

결국 완벽한 자유를 가진 존재는 아닐지라도, 우리는 스스로를 깊이 이해하고 받아들일 순 있다. 자신의 본능과 욕구를 인정하면서도 그걸 더 나은 방향으로 이끄는 선택을 할 수 있다. 한 걸음씩 나아가며 자신을 이해하고, 세상의 흐름을 살펴보자. 우리가 선택할 수 있는 건 많지 않을지도 모르지만, 어떻게 살아갈지는 여전히 우리의 몫이다.

당신은
생각보다 죄가 없다

죄는 어디서 시작됐을까? 이걸 알게 되면, 우리는 마음이 훨씬 가벼워질 거다. 인간은 오랫동안 스스로를, 그리고 서로를 실제보다 훨씬 나쁘고 사악하게 여겨왔다. 하지만 그건 사실이 아니라, 오해와 잘못된 믿음에서 나온 결과다.

이 사실을 깨닫는 순간, 세상이 더 순수하고 평화롭게 보이기 시작한다. 마치 무서운 꿈을 꾸다가 깨어나, 아직 따뜻한 이불 속에 있다는 사실에 안도하는 아이처럼 말이다. 우리가 무서워했던 대부분의 죄는 지나친 걱정과 오해였음을 알게 되면, 마음은 한결 편안해진다.

이 깨달음이 우리를 자유롭게 만든다. 죄책감과 두려움에 사로잡혔던 마음에서 벗어나, 더 따뜻한 시선으로 인간과 세상을 볼 수 있게 해주니까. 우리가 스스로를 악하다고 여겼던 것들이, 사실은 그저 인간이 가진 불완전함이거나 작은 실수였음을 받아들이면, 삶은 덜 무겁고 더 밝아진다.

결국 세상은 생각보다 덜 무섭고, 인간은 생각보다 더 괜찮은 존재다. 이 깨달음은 우리에게 중요한 가르침을 준다. 우리는 모두 작은 실수를 통해 배우고 성장한다는 것. 그러니 쓸데없는 죄책감에 갇히지 말고, 조금 더 가볍고 따뜻한 마음으로 자신과 세상을 바라보자.

우리가 만든
성자와 천재들

성자들이 보았던 환상, 그들이 느꼈던 두려움과 기쁨은 어쩌면 오늘날 의학으로 설명 가능한 어떤 증상일 수도 있다. 하지만 그들은 자신의 믿음과 경험을 통해 이 모든 것을 특별한 의미로 받아들였다. 예컨대 소크라테스가 말한 다이몬의 목소리는 단순히 귀에서 들리는 환청이었을 수도 있다.

예언자들의 열정적 연설이나 신탁을 전하던 사제들의 행동도 마찬가지다. 당시 사람들은 그것을 이상 행동으로 치부하기보단, 종교적·철학적인 의미를 부여하고 그 속에서 교훈을 찾았다. 중요한 건, 성자나 천재로 불리던 이들이 혼자만의 삶을 산 게 아니라, 그들을 해석하고 의미를 더한 이

들이 있었기에 그들의 이야기가 오늘날까지 전해진다는 점
이다.

더 흥미로운 건, 그들을 해석한 사람들이 꼭 그들을 완벽
히 이해한 것도 아니라는 사실이다. 오히려 상상력이 덧붙
여지면서 더 많은 가르침과 영감이 탄생했다. 이 과정은 개
인의 경험을 넘어 인류가 공유하는 유산이 되었다.

결국 우리는 스스로에게 묻는다. 그들은 본래 성자나 천
재였을까, 아니면 우리가 그렇게 만든 것일까. 아마 진실은
그 사이 어딘가에 있을 것이다. 하지만 분명한 것은, 우리의
해석과 상상력이 없었다면 그들의 이야기는 지금처럼 빛나
지 않았을 거라는 사실이다.

왜 인간은
스스로를 몰아붙이는가

인간은 종종 자기 안의 해소되지 않은 욕구를 해결하고
자 한다. 그런데 그 방법이 외부가 아니라 자신을 통제하고
시험하는 쪽으로 나타날 때가 있다. 금욕이나 자기 절제가
대표적인 예이지만, 그 안에는 묘한 심리가 숨겨져 있다.

우리는 때로 스스로를 일부러 힘든 상황에 몰아넣는다.
남들이 췄을 수도 있는 기회를 스스로 외면하거나, 남들이
비난할 행동을 선택해 자기 스스로를 곤란하게 만들기도 한
다. 어찌 보면 바보 같은 행동 같지만, 가만히 살펴보면 마
치 험한 산을 오르며 느끼는 '두려움을 이겨낸 성취감'과 비
슷한 심리가 있다. 스스로를 극복하는 과정에서 오히려 독
특한 만족감을 얻는 것이다.

철학자나 종교인들도 이런 식으로 스스로를 몰아넣는다. 겸손과 절제를 강조하고, 자신을 낮추는 삶을 택한다. 단지 신앙 때문일까? 꼭 그렇진 않다. 이런 자기 희생은 사실, 보이지 않는 곳에서 만족감을 얻기 위한 방식이다. 표면적으로는 스스로를 낮추는 것 같지만, 그 과정에서 자기만의 의미와 성취를 누리는 거다.

이 모습은 인간이 스스로 강인함과 약함을 함께 만들어내고, 그 둘을 조율하며 삶의 의미를 찾는다는 증거다. 스스로에게 높은 기준을 걸어두고, 그걸 지키는 자신을 자랑스럽게 여기는 심리와 비슷하다. 즉, 자기를 단련하는 과정에서 만족을 얻는 것이다.

결국 인간은 자기 안에서 자신을 시험하고, 그걸 극복하는 과정을 통해 삶의 의미를 발견한다. 때로 보기엔 고통스럽고 힘겨워 보여도, 사실은 우리가 자발적으로 선택한 일종의 심리 게임일 수 있다. 아마 스스로를 조율하고 통제하는 이런 과정이야말로 인간의 삶을 더 깊고 흥미롭게 만드는 원천일 것이다.

복종은 때때로
가장 쉬운 선택이다

자신을 다스리며 절제하는 삶을 택하는 사람들도 결국 더 편한 길을 찾을 때가 있다. 욕망과 의지를 내려놓고, 정해진 규칙과 원칙에 복종하는 삶 말이다.

복종하는 순간, 사람은 더 이상 무엇을 해야 할지 끊임없이 고민할 필요가 없어진다. 정해진 틀 안에서 살아가니 삶의 공허함이나 불안을 느낄 틈이 줄어들고, 자신의 행동에 대한 책임감을 덜 느끼게 된다. 욕망도 비슷하다. 적절히 조절하기보다 아예 포기해버리는 게 훨씬 편하다고 느껴질 때가 있다.

이런 모습은 현대 사회에서도 쉽게 보인다. 국가나 조직에 무조건 따르는 편이, 자신만의 기준을 세워서 부분적으로 순응하는 것보다 훨씬 쉽고 단순하게 느껴질 때가 있다. 종교적 수행자들도 자신의 삶과 개성을 포기함으로써 오히려 편안함을 찾기도 한다. 그런데 이를 도덕적 완성이나 영웅적 행위로 보는 건 오해일 수도 있다.

진정한 도전은 스스로 결정하고, 그 결과를 책임지는 것이다. 책임을 피하지 않고, 자기 기준을 지키며 사는 건 결코 쉽지 않다. 하지만 그게 깊은 성찰과 성장을 낳는 삶이다. 복종과 포기의 편안함을 넘어서, 진짜 자기 자신으로 살아가려면 더 많은 용기와 행동이 필요하다.

우리에게 중요한 건

세상에 완벽한 사람은 없다. 우리는 모두 흔들리고, 실수하고, 후회하며 산다. 하지만 중요한 건 흠 없이 사는 게 아니라, 각자 자신만의 방식으로 하루를 채워가는 것이다. 남과 비교해 가치가 정해지는 게 아니라, 우리가 어떤 마음으로 살아가느냐에 따라 우리 삶은 빛날 수도 있고, 흐려질 수도 있다.

누군가는 따뜻한 한마디로 주변을 환하게 만들고, 또 누군가는 자기만의 길을 걷다 작은 변화를 일으킨다. 특별함은 거창한 데서 오지 않는다. 오히려 사소한 행동과 진심 어린 태도가 우리를 빛나게 한다. 지금 자리에서 최선을 다해 살아가는 것, 그 자체로 충분히 가치 있다.

우리는 종종 '완벽해야 한다'는 부담을 느낀다. 하지만 진짜 중요한 건 완벽함이 아니라, 있는 그대로의 나를 받아들이며 나만의 길을 걷는 것이다. 남처럼 될 필요는 없다. 당신만의 방식으로, 당신만의 속도로 걸어가면 된다.

때론 넘어지고 실수할 수도 있다. 그러나 그 과정을 통해 배우고 성장하며, 오직 나만이 지니고 있는 소중한 삶의 방식을 지켜나가는 게 무엇보다 소중하다.

어떤 문장은 쉽게 잊혀지지 않습니다. 어떤 책은 덮고 나서도 긴 여운을 남깁니다. 처음에는 이해되지 않던 말이 시간이 지나면서 점점 선명해지고, 어느 날 불현듯 떠오르는 순간이 있습니다. 니체의 글이 그렇습니다. 읽을 때는 낯설고 거칠게 느껴질 수도 있지만, 어느 순간 삶의 어느 한 조각과 맞물려 깊이 새겨지기도 합니다. 이 책이 당신에게 그런 순간을 남길 수 있다면 더 바랄 것이 없습니다.

우리는 끊임없이 묻습니다. "왜 이렇게 힘든 걸까?" "나는 제대로 가고 있는 걸까?" 하지만 삶은 친절하게 답을 주지 않습니다. 대신 고통과 시련, 관계의 상처, 기대와 실망이라는 방식으로 답을 요구합니다. 니체는 이 모든 것을 정면으로 바라보라고 말합니다. 도망치지 말고, 외면하지 말고, 받아들이라고 합니다. 그리고 거기서 멈추지 말고, 그것을 자신의 힘으로 바꾸라고 합니다.

하지만 쉽지 않습니다. 우리는 고통을 미워합니다. 어둠 속에서 길을 찾으려 하면 두려움이 먼저 앞섭니다. '이 길이 맞을까?' 고민하는 사이에도 세상은 앞서 나가고, 우리는 남겨지는 듯한 불안감에 휩싸입니다. 그래서 우리는 때때로 누군가가 대신 답을 내려주기를, 이 혼란을 걷어주기를 바라기도 합니다. 하지만 니체는 진짜 답은 오직 스스로 마주하고 찾아낸 자만이 가질 수 있다고 단호하게 말합니다.

어떤 삶도 쉬운 길은 없습니다. 누구나 자신의 상황이 가장 힘들다고 느낍니다. "내가 원하는 것을 이루지 못한 것은 집안이 어려웠기 때문이고, 몸이 아팠기 때문이며, 사랑받지 못했기 때문"이라는 말은 틀리지 않을 수도 있습니다. 하지만 그것이 진실이라고 해서 삶이 달라지는 것은 아닙니다. 세상이 우리에게 어떤 조건을 주었는지가 중요한 것이 아니라, 그 안에서 우리가 무엇을 선택하느냐가 훨씬 더 중요합니다.

고통이 찾아왔을 때, 우리는 두 가지 선택을 할 수 있습니다. 그것을 피하는 것, 혹은 그것을 마주하는 것. 두려움에 사로잡혀 도망칠 수도 있고, 끝까지 견디면서 의미를 찾을 수도 있습니다. 중요한 것은 그 고통이 지나가기를 기다리는 것이 아니라, 그 안에서 나만의 의미를 만들어내는 것입니다.

우리는 때때로 저 멀리 있는 사람들은 나와 다른 특별한 존재라고 생각합니다. 위대한 업적을 남긴 사람들, 영감을 주는 사람들, 우리가 동경하는 이들은 처음부터 뛰어난 존재였을까요? 절대 아닙니다. 그들도 우리와 다르지 않은 출발선에서 시작했습니다. 차이는 단 하나, 그들은 막막한 상황 앞에서도 멈추지 않았다는 것입니다.

세상이 정해놓은 기준이 답이 아닙니다. 남들이 정해준 삶의 방식이 반드시 옳은 것도 아닙니다. 우리는 자기 삶의 주인이 되어야 합니다. 그 길을 가는 것은 누구도 대신할 수 없는 당신만의 몫입니다. 세상이 만들어놓은 틀을 그대로 따르는 것은 쉽습니다. 하지만 니체는 묻습니다. "그 길이 진정 네가 원하는 길인가?"

삶은 화가 날 정도로 불공평합니다. 노력한다고 해서 반드시 보상이 주어지는 것도 아닙니다. 착하게 살았다고 해서, 좋은 사람들과만 만나게 되는 것도 아닙니다. 하지만 니체는 이런 현실 속에서도 자신의 힘을 만들어야 한다고 말합니다. 자신만의 가치를 만들고, 자신의 의미를 찾아야 한다고 말합니다. 끝없이 불행을 탓하고, 위로만 바란다고 해서 현실이 달라지지는 않습니다. 이것은 냉정한 이야기가 아니라, 오직 당신이 더 나은 삶을 살아가길 바라기에 전하는 이야기입니다.

넘어진 적이 있다면, 그것은 당신이 걸어왔다는 증거입니다. 흔들린 순간이 있다면, 그것은 당신이 나아가고 있었다는 뜻입니다. 삶이란 본래 그런 것입니다. 무너지기도 하고, 다시 일어서기도 하면서 우리는 나아갑니다. 그리고 어느날, 문득 깨닫게 될지도 모릅니다.

'그때의 그 힘든 일들이, 결국 지금의 나를 위한 것이었구나.'

니체는 말합니다.
"운명에 끌려가지 말고, 그것을 네 것으로 만들어라."

부디 이 책이 당신의 삶에 작은 용기가 되길 바랍니다. 당신이 가야 할 길을 찾고, 자신의 방식대로 살아갈 힘을 얻을 수 있기를 바랍니다.

당신은 이미 무한한 가능성을 지닌 존재입니다. 그리고 앞으로 더 강해질 것입니다. 상상하는 모든 것은 현실이 될 수 있습니다. 원하는 것을 가질 수 있고, 꿈꿔온 최고 버전의 자신이 될 수 있습니다.

지금, 당신에게 온 마음을 다해 응원을 보냅니다.

끝까지 읽어주셔서 감사합니다.

어나니머스 드림

위버멘쉬

초판 1쇄 발행 2025년 3월 17일
초판 6쇄 발행 2025년 5월 22일

지은이 프리드리히 니체
옮긴이 어나니머스
펴낸이 떠오름 출판사
기 획 김요한
디자인 한희정

펴낸곳 ㈜떠오름코퍼레이션
출판등록 제2021-000002호(2020년 4월 28일)
주소 서울특별시 용산구 한남대로35 2층
팩스 02-6305-4923
홈페이지 www.risebooks.co.kr
이메일 tteoreum9@nate.com

값 17,800원

ISBN 979-11-92372-73-0 (03100)